UTB **3026**

Eine Arbeitsgemeinschaft der Verlage

Böhlau Verlag · Köln · Weimar · Wien
Verlag Barbara Budrich · Opladen · Farmington Hills
facultas.wuv · Wien
Wilhelm Fink · München
A. Francke Verlag · Tübingen und Basel
Haupt Verlag · Bern · Stuttgart · Wien
Julius Klinkhardt Verlagsbuchhandlung · Bad Heilbrunn
Lucius & Lucius Verlagsgesellschaft · Stuttgart
Mohr Siebeck · Tübingen
C. F. Müller Verlag · Heidelberg
Orell Füssli Verlag · Zürich
Verlag Recht und Wirtschaft · Frankfurt am Main
Ernst Reinhardt Verlag · München · Basel
Ferdinand Schöningh · Paderborn · München · Wien · Zürich
Eugen Ulmer Verlag · Stuttgart
UVK Verlagsgesellschaft · Konstanz
Vandenhoeck & Ruprecht · Göttingen
vdf Hochschulverlag AG an der ETH Zürich

UTB Profile

Frank Degler / Ute Paulokat

Neue Deutsche Popliteratur

Wilhelm Fink

Frank Degler, Literatur- und Medienwissenschaftler, promovierte 2003 mit einer Arbeit über Patrick Süskind. Er ist wissenschaftlicher Angestellter an der Universität Mannheim.
Ute Paulokat, Literatur- und Medienwissenschaftlerin, ist wissenschaftliche Dokumentarin im Deutschen Institut für Internationale Pädagogische Forschung in Frankfurt/Main. Sie promovierte 2006 über Benjamin von Stuckrad-Barre.

Bibliografische Information der Deutschen Nationalbibliothek.

Die Deutsche Nationalbibliothek verzeichnet diese Publikation in der Deutschen Nationalbibliografie; detailliertere bibliografische Daten sind im Internet über http: //dnb.d-nb.de abrufbar.

© 2008 Wilhelm Fink Verlag GmbH & Co. Verlags-KG
Wilhelm Fink Verlag GmbH & Co. Verlags-KG, Jühenplatz 1–3, 33098 Paderborn
ISBN: 978-3-7705-4691-6

Das Werk einschließlich aller seiner Teile ist urheberrechtlich geschützt. Jede Verwertung ausserhalb der engen Grenzen des Urheberrechtsgesetzes ist ohne Zustimmung des Verlages unzulässig und strafbar. Das gilt insbesondere für Vervielfältigungen, Übersetzungen, Mikroverfilmungen und die Einspeicherung und Verarbeitung in elektronischen Systemen.

Printed in Germany
Satz: Ruhrstadt Medien, Castrop-Rauxel
Layout & Einbandgestaltung: Alexandra Brand auf Grundlage der UTB-Reihengestaltung von Atelier Reichert, Stuttgart
Herstellung: Ferdinand Schöningh GmbH, Paderborn

UTB-Bestellnummer: ISBN 978-3-8252-3026-5

Inhalt

Einleitung

Neue Deutsche Popliteratur im Profil

Anhang

Einleitung

›Popliteratur‹ war in der zweiten Hälfte der 1990er Jahren einer der meist verwendeten Begriffe innerhalb des deutschsprachigen Literaturbetriebes und sogar darüber hinaus. Es gab allerdings auch kaum einen umstritteneren und heftiger diskutierten Terminus Für zusätzliche Emotionalisierung der Diskussion sorgte der Umstand, dass es ein Generationskonflikt war, der im Bereich der Neuen Deutschen Popliteratur mit literarischen Mitteln ausgefochten wurde: Im Zentrum der Kritik standen Autorinnen und Autoren, die fast sämtlich nach 1965 geboren wurden und mit ihren Erstlingstexten die massenhafte Aufmerksamkeit auf sich versammeln konnten, die dem politisch engagierten Pop der vergangenen Jahrzehnte verwehrt geblieben war.

Geradezu reflexartig wurde daraufhin der Erfolg der Neuen Deutschen Popliteratur an die Vermutung literarischer Minderwertigkeit gekoppelt. Besonders provokativ wirkte dabei der Eindruck, dass sich die Eingängigkeit der Erzählweise und die scheinbare Oberflächlichkeit umso offensiver präsentierten, je harscher die Kritik wurde. Zudem ästhetisierten die Texte Gegenstände der jugendlichen Lebenswelt (Musik, Konsum, Partys, Drogen) in einer Form, die in Deutschland bisher als nicht ›literaturfähig‹ gegolten hatte.

Aus dieser Grundsituation resultiert ein maßgebliches Kennzeichen des Umgangs mit der Popliteratur der 90er Jahre, nämlich ihre fast ausnahmslos ablehnende Rezeption durch die etablierte Literaturkritik, die in größtmöglichem Gegensatz zu einer geradezu emphatischen Rezeption bei einem jugendlichen Publikum stand. Auch hier liegt das kränkende Potential des Umstands offen zu Tage: Jugendliche lesen, wenn ihnen adäquate Texte angeboten werden, und sie sind sogar trotz der Ablehnung der Etablierten zu eigenständiger Lektüre willens und in der Lage.

Die Kritik des Feuilletons beruhte allerdings auch nur auf einigen wenigen, immer wiederkehrenden Argumenten: In erster Linie machte man den Popliteraten fehlende politische Ambitionen zum Vorwurf. An zweiter Stelle wurde ihre Geschäftüchtigkeit argwöhnisch beäugt. Die offensiven Vermarktungsstrategien und der daraus resultierende kommerzielle Erfolg erschienen großen Teilen des Literaturbetriebs nicht nur hochgradig suspekt, durch sie widersetzten sich die jungen Autoren dem traditionellen Selbstverständnis des Schriftstellers und provozierten durch ein neues Image, das den Markt nicht fürchtet und gezielt auf die

Unterhaltungsfunktion von Literatur baut. Diese Strategie führte allerdings dazu, dass man popliterarischen Werken häufig nicht einmal das Attribut ›Literatur‹ zuerkannte. Hier wurde ein Kampf um kulturelle Deutungshoheit ausgetragen, der aus einer doppelten Kränkung resultiert: Die ›Jungen‹ machen es sich zu leicht – und haben auch noch Erfolg damit.

Inzwischen hat sich allerdings eine genauere und unvoreingenommenere Betrachtungsweise der Neuen Deutschen Popliteratur etabliert. Eine verbindliche Definition ist aber nach wie vor schwierig, was darin begründet ist, dass im Fall der Popliteratur das Vorverständnis des Gegenstandes, das jeder Begriffsbestimmung zu Grunde liegt, selbst schon so disparat ist, dass hier ein Konsens kaum möglich scheint. Um sich nicht in endlosen Zirkeln induktiv-deduktiver Definitionsversuche und -voraussetzungen zu verlieren, haben wir uns dafür entschieden, uns mit einer Minimalbestimmung des Korpus' unserer Untersuchung zu begnügen, die zudem nicht einmal die ›Popliteratur‹ im Ganzen treffen soll, sondern ›nur‹ die ›Neue Deutsche Popliteratur‹: Zu dieser zählen wir also all jene Texte, die ab Mitte der 90er Jahre dafür gesorgt haben, dass der Begriff ›Pop‹ wieder auf die Tagesordnung gesetzt wurde.

Für die beginnende akademische Rezeption der Neuen Deutschen Popliteratur stellt die geradezu zwanghafte Historisierung deutscher (und angloamerikanischer) Popliteratur ein weiteres Hindernis dar. Denn eine solche Gegenüberstellung, welche die jüngsten Beispiele von Popliteratur stets und in allem in die Tradition früherer popliterarischer Strömungen einordnen möchte, verliert die spezifischen Leistungen ihres eigentlichen Gegenstandes aus dem Blick. Insbesondere ist die beständige Dichotomisierung in hohe und niedere Kunst, in ›Pop I‹ und ›Pop II‹ oder ganz einfach in den ›erlaubten‹ »Suhrkamp-Pop« und den ›oberflächlichen‹ »KiWi-Pop« wenig hilfreich und dem Gegenstand nicht angemessen (Vgl. Kapitel 5). Man mogelt sich damit außerdem an der Tatsache vorbei, dass es nicht die Neumeisters und Diederichsens waren, die in den 90er Jahren das Interesse am Phänomen ›Pop‹ geprägt haben, sondern die Autoren der Neuen Deutschen Popliteratur.

Aus diesem Grunde konzentriert sich dieses Buch ganz explizit und bewusst auf die bisher letzte Phase (1995 bis 2001) der deutschsprachigen Popliteratur und verzichtet auf die üblichen Rekurse auf frühere Erscheinungen unter dem gleichen Label. Unser Ziel ist eine intensive und textnahe Analyse der Neuen Deutschen Popliteratur in ihren unterschiedlichen Facetten, durch die die spezifischen Eigenarten, Besonderheiten und Potentiale dieser kurzen, aber einflussreichen literarischen

Strömung angemessen sichtbar gemacht werden können. Wir werden dabei Texte der folgenden popliterarischen Autorinnen und Autoren in exemplarischen Einzelanalysen untersuchen: Christian Kracht, Benjamin von Stuckrad-Barrre, Alexa Hennig von Lange, Andreas Mand, Sibylle Berg und Thomas Brussig, außerdem Florian Illies, Joachim Bessing, Else Buschheuer, Sven Regener und Elke Naters. Verweise auf weitere Autoren und Autorinnen nicht nur der 1990er Jahre ergänzen die Ausführungen der einzelnen Kapitel.

Anstelle der Fixierung auf einen notwendigerweise immer defizitär bleibenden Definitionsversuch wird diese Einführung in die Neue Deutsche Popliteratur Beobachtungsperspektiven entwickeln, durch die es möglich wird, angemessene Fragen an die popliterarischen Texte zu stellen. Motive und Themen, sprachliche und formale Eigenschaften, mediale und publizistische Besonderheiten, die sich in den meisten Texten der Neuen Deutschen Popliteratur finden lassen, werden an besonders geeigneten Beispielen ausgeführt und auf ihre literarische Tauglichkeit hin befragt. Damit ergeben sich aus den Themen der einzelnen Kapitel des Hauptteils die Kriterien mit deren Hilfe sich Popliteratur sinnvoll beobachten lässt.

Intermediale Inszenierungen: Autoren als Popstars. Unter dem Fokus der Intermedialität beschäftigen wir uns mit den Inszenierungsstrategien von Popautoren und ihrer Literatur. Nach der Rückkehr des Erzählens in der postmodernen Literatur der 80er haben wir es in der Neuen Deutschen Popliteratur mit der Rückkehr des Autors und der Autorschaft zu tun - sowohl als einer ästhetischen Strategie wie auch als einer Notwendigkeit des Verlagsmarketings, das im Medienverbund auf Personalisierung angewiesen ist. Die Vermarktung des Popromans als Kult und ihrer Urheber als Popstars ist eines der wichtigsten und markantesten Kennzeichen in der Produktion und Rezeption von Popliteratur der 90er Jahre – ebenso wie die Selbstverständlichkeit und Virtuosität, mit der sich Produzenten und Rezipienten von Populärkultur innerhalb der medialisierten Welt bewegen.

Popmusik als Thema und Formatvorlage der Literatur. Ebenso grundlegend ist der Zusammenhang von Popmusik und Popliteratur, der sich nicht in der Beobachtung erschöpft, Popliteratur drehe sich thematisch um Musiker und Songzitate. Popmusik ist zwar ein wichtiger Bezugspunkt in der fiktionalen Welt der Neuen Deutschen Popliteratur, weil sie Leitmotiv im Leben popsozialisierter Jugendlicher ist, welche als Handlungsträger der Romane fungieren, doch die Bezüge zwischen Popliteratur und -musik gehen weit über eine bloße Thematisierung hinaus, indem zum Beispiel Popliteratur auch auf formaler Ebene mit Prinzipien der verwandten Pop-Kunst spielt. Neben solchen intermedialen Formzitaten, die über den Text hinaus bis hin zur Cover-Gestaltung reichen, ist zudem der im vorherigen Abschnitt bereits angedeutete Aspekt nicht zu vergessen, dass sich Popliteratur auch in ihren Inszenierungspraxen an Verfahren orientiert, die aus der popmusikalischen Sphäre stammen.

Arbeit am Archiv: Die Semantik von Marken und Medien. Doch nicht nur Musik spielt in Popromanen eine zentrale Rolle, auch Kleidung, Stil und Besitztümer sowie die dazugehörige Marken-Welt und ihre medialen Distributionskanäle bestimmen zu einem weiten Teil die Thematik der Neuen Deutschen Popliteratur. Allerdings sind es nicht die Objekte selbst, die diese Relevanz erzeugen, sondern es ist ihre semiotische Aufladung durch kulturelle Zuschreibungen, die sich in den Objekten kondensieren. Auch die Menschen werden in den Medien zu Marken aufgebaut, die Autoren der Neuen Deutschen Popliteratur selbst sind ein gutes Beispiel dieses Prozesses.

Die Medien wiederum haben beispielsweise durch Werbung oder Crosspromotion an dieser Übercodierung der Welt einen großen Anteil. Zum anderen macht schon die Wahl und die Nutzung eines bestimmten Mediums einen wichtigen Unterschied, so dass man nicht nur über die Jeansmarke oder das Uhrenfabrikat Rückschlüsse auf eine Personen ziehen kann und soll, sondern auch aus den Lese-, Musik- und Mediengewohnheiten. Audiovisuelle Medien schaffen zudem ein kollektives Wissen, auf das man sich beziehen kann. Sie generieren Prominente, die eine Vorbildfunktion ausüben können, und sie bestimmen die Welt- und Erlebniswahrnehmung sowie die individuelle Ausdrucksweise, die dann entsprechend der so geprägten Muster stattfindet: Man verhält sich ›wie im Film‹, spricht ›wie im Fernsehen‹ und transportiert seine Gefühle via Musik oder mit Hilfe von Verweisen auf Kinofilme oder Werbeclips. Nicht zuletzt ist der Medienbetrieb die Sphäre, in der sich Popliteraten besonders gut auskennen, wodurch es in ihren Büchern nicht an Innensichten und Selbstreflexionen mangelt.

Jugend und Generationenkonflikte im ›popmodernen‹ Adoleszenzroman. Pop und Jugend bzw. Jugendlichkeit gehören engstens zusammen. Es war das Lebensgefühl einer neuen Jugendkultur, die in der zweiten Hälfte des 20. Jahrhunderts zur Herausbildung einer Popkultur, wie wir sie heute kennen, maßgeblich beitrug. Und während es die Jugend einer jeden Generation ist, die sich über popkulturelle Güter und Werte definiert, sind die selbst jugendlichen Popliteraten Experten solcher Abgrenzungsprozesse. Indem sie jugendliche Protagonisten in ihrer pop-kulturell geprägten Welt darstellen, wenden sie sich an ein gleichaltriges Publikum, das hier Identifikationsmöglichkeiten findet. Somit ist es auch nicht erstaunlich, dass viele der ersten wissenschaftlichen Untersuchungen über Popliteratur im Rahmen der Kinder- und Jugendliteraturforschung stattfanden. Popliteratur wird hier in ihrer Funktion als Jugendliteratur analysiert bzw. als post- oder besser popmoderner Adoleszenzroman klassifiziert.

Gesellschaftskritik, Political Correctness und der ästhetische Zustand der Politik. Politische Gehaltlosigkeit ist der häufigste Vorwurf, der der Neuen Deutschen Popliteratur entgegengebracht wird. Dies entspricht der Beobachtung, dass im Nachkriegsdeutschland politisches Engagement immer mehr zu einer wesentlichen Forderung des dichterischen Selbstverständnisses wurde. Doch im Verhältnis von Kunst und Politik lässt sich ebenfalls verfolgen, dass Politisierung, Entpolitisierung und Re-Politisierung in zyklischen Bewegungen verlaufen – eine Erkenntnis, die genauso für das Verhältnis von Pop und Politik gilt und den Drang zur Differenzierung zwischen Pop I und Pop II (Diederichsen) erklären hilft: In erster Linie lässt sich das wohlbekannte Phänomen einer Abgrenzungsbemühung gegenüber einer (stark politisierten) Vorgängergeneration beobachten, welche ihren Kindern jeden Protest voraus hatte, schon alles erkämpft hat, wofür es sich zu kämpfen lohnt, und vor lauter Verständnis, Offenheit und Toleranz ihrer Nachfolge-Generation keinerlei Reibefläche bietet. Als einzige Protestform bleibt lediglich ein Rückzug ins Neo-Konservative oder A-Politische.

Zum anderen muss beachtet werden, dass es auch der Popliteratur früherer Dekaden nicht darum ging, die Welt zu verbessern, sondern darum, die Art und Weise zu beeinflussen, in der die Menschen die Welt wahrnehmen. Dabei ist viel Provokation im Spiel: Indem auf der Grundlage von sehr präzisen Beschreibungen der Verhältnisse keine Veränderung gefordert wird, sondern Optionen entwickelt werden, wie man sich (scheinbar zustimmend) innerhalb dieser Bedingungen bewegen kann, wird ein ›richtiges Leben im Falschen‹ und entsprechend der Spielregeln des ›Falschen‹ entworfen, die in diesem Zuge offen gelegt werden.

Alltag und Zeitgeschichte im Funktions- und Speichergedächtnis. Die Archivierung von Alltagsphänomenen der Gegenwart und jüngeren Vergangenheit im Medium Popliteratur hat Moritz Baßler ausführlich in seinem Buch *Der deutsche Poproman* beschrieben und damit eine der wichtigsten Funktionen dieser Gattung hervorgehoben. In der Tat erklärt dieser Ansatz nicht nur das permanente Name-Dropping innerhalb der Neuen Deutschen Popliteratur, sondern zeigt einmal mehr, dass Pop nur in der jeweiligen Gegenwart existiert und die Popliteratur es sich zur Aufgabe gemacht hat, deren Phänomene und Erscheinungen genauestens zu beschreiben und ästhetisch zu sichern. In diesem Zusammenhang werden Objekte der Massenkultur, welche die eigene Kindheit und Jugend prägten, als identitätsstiftend erinnert. In einem Prozess der kollektiven Kommunikation werden diese Erlebnisse nachträglich als prägend für eine Generation wirksam, die erst aus dem Abstand des Erwachsenseins heraus zu erkennen in der Lage ist, dass es einen solchen Fundus von Gemeinsamkeiten überhaupt gibt. Die Erinnerungsstrategien der Neuen Deutschen Popliteratur koppeln sich an diese Form der generationsspezifischen Selbstversicherung an und arbeiten sich dabei sowohl an den Objekten kindlicher Begierde einer industrialisierten Massenkonsumgesellschaft ab als auch an den vergessenen Ritualen in Schule und Familie, deren überraschende Gleichartigkeit es zu entdecken galt.

Gendertrouble: Männlichkeit, Weiblichkeit und das Dazwischen. Parallel zur Selbststilisierung der popliterarischen ›Herrchen-Reiter‹ machte das deutsche Fräuleinwunder von sich reden, wodurch der Eindruck entstand, dass die Neue Deutsche Popliteratur von Männern dominiert würde. Mit Sibylle Berg, Alexa Hennig von Lange, Elke Naters und Rebecca Casati gibt es allerdings mindestens drei Autorinnen, die nicht nur explizit zur Neuen Deutschen Popliteratur zu rechnen sind, sondern die darüber hinaus in ihren Texten ganz offensiv die Genderrollen und Geschlechteridentitäten zur Diskussion stellen. Dabei führen sie allerdings auffällig häufig auch männliche Ich-Erzähler als Figuren ein. Da im Gegensatz hierzu in den Texten der Autoren die Frauen eine untergeordnete Rolle spielen, verstärkt sich der Eindruck der männlichen Dominanz.

Sowohl bei Autorinnen wie Autoren scheinen Liebe und Beziehungen nicht oder nur in einer selbstzerstörerischen Form zu existieren. Insbesondere Sexualität ist selten unproblematisch, oftmals wird sie gar nicht oder nur in substituierter Form vollzogen. Stattdessen herrscht ein gespaltenes bis distanziertes Verhältnis zum anderen Geschlecht, aber auch zum eigenen: Es lässt sich eine stark gebrochene Perspektive der jungen Männer und Frauen auf ihre Geschlechtlichkeit beobachten. Obwohl die Heterosexualität als Norm durchweg akzeptiert zu werden scheint, sind insbesondere die Helden mit nicht unerheblichen metrosexuellen Zwängen konfrontiert, so dass es zu einigen Effekten sexueller Desorientierung kommt: So findet sich in Texten Christian Krachts eine latente männerbündische Homosexualität, die auffällig unauffällig verborgen werden soll. Aber ebenso sind die Heldinnen Alexa Hennig von Langes für die erotischen Reize des eigenen Geschlechts empfänglich, ohne dies in irgendeiner Form angemessen reflektieren zu können.

Intertextuelle Vorbilder: Die Klassiker im Populären. Die Neue Deutsche Popliteratur lebt von intertexuellen und intermedialen Verweisen, vor allem auf das kollektive Wissen, das durch moderne audiovisuelle Medien vermittelt wird. Doch bei näherer Betrachtung offenbaren die Autoren auch ein souveränes Verfügen über Motive und Stillagen der deutschen Literaturgeschichte. Es ist nicht nur für die an tieferen Textschichten interessierten Leserinnen und Leser reizvoll und für eine Behandlung im Deutschunterricht ungemein ergiebig, sondern auch für eine umfassende Interpretation von Popromanen unerlässlich, auf mögliche Verweise auf kanonisierte Texte wie zum Beispiel Goethes *Werther*, auf Autoren wie Thomas Mann oder auf übergeordnete Genres wie den Reise- oder den Bildungsroman einzugehen. Denn erst durch diese Bezugnahmen kann in angemessener Form gewürdigt werden, dass die Neue Deutsche Popliteratur bei allen Anleihen aus Musik und Film doch in erster Linie auf Literatur setzt. Sie platziert dies allerdings in ihren ästhetischen Arrangements so geschickt, dass es von ›Freund und Feind‹ vielfach übersehen wird. Umso entschiedener muss betont werden, dass der typische popliterarische Held bei aller ›Schnöseligkeit‹ als Büchermensch auftritt.

Krankheit, Tod und die letzten Dinge. Ein ebenso weit verbreitetes Vorurteil lautet, dass Popliteratur lediglich Symptom und Phänomen der so genannten Spaßgesellschaft sei. Sie interessiere sich nur für blitzende Oberflächen und Yuppie-Attitüden. In krassem Widerspruch zu dieser Auffassung handelt es sich bei der Neuen Deutschen Popliteratur aber in Wirklichkeit um eine im wahrsten Sinne des Wortes todernste Angelegenheit. Krankheit, Grausamkeit, Tod und Terror sind so überaus auffällig präsente Stoffe und Motive, die in der Neuen Deutschen Popliteratur auch keineswegs nur am Rande verhandelt werden, dass die hartnäckige Blindheit der Literaturkritik für diesen Themenkomplex erklärungsbedürftig ist.

Der Tod ist in der Neuen Deutschen Popliteratur dabei nicht nur im buchstäblichen Sinne und in allen möglichen Erscheinungsformen relevant, sondern präsentiert sich auch auf der Ebene einer krankhaften Langeweile, die die Figuren angesichts der Unmöglichkeit zur echten Individualität erfasst. Da im Zeitalter des Posthistoire schon alle Stile und Zeichen bis zum Überdruss kombiniert wurden, fühlen sich die

Helden als lebende Tote und die Gesellschaft, in der sie leben müssen, wird als eine Hölle der Simulationen wahrgenommen. Die dargestellte Gegenwart einer Jugend am Ende des Jahrtausends ist alles andere als nur von Spaß und der Leichtigkeit des Seins geprägt. Im Gegenteil ziehen sich Gefühle wie Zweifel, Hoffnungslosigkeit, Sehnsüchte, Perspektiv- und Orientierungslosigkeit sowie vor allem die Angst vor der Zukunft durch die Romane.

Die tiefen Oberflächen: Irony is over – Bye Bye! Popliteraten verweigern sich, aller sozialen Aufmerksamkeit zum Trotz, jeglicher politischen Instrumentalisierung, und sie verweigern ebenso eine klare Aussagen oder eine eindeutige Haltung. Sie deshalb aber nicht ernst zu nehmen, wäre ein Fehler – jedes Wort ihrer Bücher im buchstäblichen Sinn zu verstehen allerdings ebenfalls. Getrost darf hinter Statements wie »Ich hasse Busfahrer« oder einer scheinbar völlig affirmativen Darstellung von Gewalt- oder Drogenexzessen eine Provokation vermutet werden – jedoch bleibt es bei Vermutungen, da die ironische Geste der Neuen Deutschen Popliteratur so universal geworden ist, dass es unentscheidbar bleibt, an welcher Stelle die Texte authentisch sprechen und wo es sich um Äußerungen der gebrochenen Heldinnen und Helden handelt, die den ironisch-melancholischen Gestus des ›Alles-Schon-Da-Gewesen‹ pflegen. Diese universale Ironie, mit der die Autoren sich inszenieren und mit der sich die Texte und die Helden in der popmodernen Welt zu behaupten suchen, ist zu begreifen sowohl als Notwehr wie auch als Notlösung angesichts der schieren Übermacht des Banalen.

Neben dieser einführenden Darstellung der leitenden Fragestellungen werden als weitere Zugriffshilfe am Anfang der Kapitel die jeweiligen Kernthesen vorgestellt, während nach den Kapiteln weiterführende Hinweise auf Texte gegeben werden, die das Thema sinnvoll ergänzen. Die Kapitel bauen zwar thematisch aufeinander auf, sollen aber auch einzeln verständlich sein. Die Kapitel 1 bis 5 wurden von Ute Paulokat, die Kapitel 6 bis 10 von Frank Degler verfasst.

Neue Deutsche Popliteratur im Profil

Intermediale Inszenierungen:
Autoren als Popstars

- *In der Neuen Deutschen Popliteratur betreiben Popliteraten auf teilweise exzessive und provozierende Weise eine intermediale Inszenierung ihres Werkes und ihrer selbst.*
- *Dass Neue Deutsche Popliteratur ganz selbstverständlich die Prinzipien und Marketingstrategien der Film-, Werbe- und Musikbranche übernimmt, macht einen Großteil ihres Erfolges aus.*
- *Durch die konsumentenorientierte Ausrichtung gewinnt (Pop-) Literatur einen (neuen) Status, der bisher den Populär-Medien zugeordnet war.*

Nach der Rückkehr des Erzählens in der postmodernen Literatur der 80er Jahre haben wir es in der Neuen Deutschen Popliteratur mit der Rückkehr des Autors und der Autorschaft zu tun – sowohl als eine ästhetische Strategie wie auch als eine Notwendigkeit des Verlagsmarketings, das auf Personalisierung im Medienverbund angewiesen ist. Die Stilisierung von Popromanen als ›Kult‹ und ihrer Urheber als Popstars ist genau wie die Selbstverständlichkeit und Virtuosität, mit der die Autoren innerhalb der medialisierten Welt agieren, eines der wichtigsten und markantesten Kennzeichen in der Produktion und Rezeption von Popliteratur der 90er Jahre.

Diese Eventisierung der Literatur, wie sie von Popliteraten erfolgreich betrieben wird, betrifft in erster Linie die Art und Weise, wie Popliteratur vermarktet wird. Ein wichtiger Aspekt der auffällig bunten, auf eine jugendliche Käuferschaft abzielenden Präsentation der popliterarischen Produkte in Buchhandlungen, Katalogen, Zeitungen, Zeitschriften und Magazinen sind neben grellen Farben und poppigen oder ungewöhnlichen Layouts beispielsweise auch entsprechend auffällige, style-bewusste und außergewöhnliche Autorenfotos. Wie beim Plattenkauf die Hülle ebensolche Beachtung findet wie die Musik, die auf der Platte zu hören ist, da es immer auch auf »die Verpackung, das Bild; wie alles ausschaut« (Tristesse Royale: 35) ankommt, achten auch Popliteraten darauf, nicht nur den Text für sich sprechen zu lassen, sondern dem Leser eine geschlossene ›Corporate Identity‹ mit auf den Weg zu geben, bestehend aus Text, Covergestaltung, Bildern und passenden Statements. Und dieses Konzept wird willig angenommen, wenn beispielsweise Rezensenten zunächst ausführlich über die üppigen roten Locken Alexa Hennig von Langes berichten oder spaltenweise über das Bild einer sich lasziv und jungmädchenhaft auf dem Bett räkelnden Sibylle Berg sinnieren, bevor (wenn überhaupt) auf deren Texte selbst eingegangen wird. Eine optisch ansprechende Verpackung garantiert Aufmerksamkeit, und da auch die Leser wissen wollen, wer hinter den Büchern steckt, lohnt es sich, in solche scheinbar nebensächlichen Äußerlichkeiten zu investieren. Christian Kracht beispielsweise betont, seinem Verlag grundsätzlich nur Urlaubsfotos zur Verfügung zu stellen:

> »Da sieht man gut aus, ist schlank, braun gebrannt. Und das kann Isolde Ohlbaum nicht leisten, wenn sie Schriftsteller mit Füllfederhalter im Mund vor dem Bücherregal fotografiert.«[1]

Von Isolde Ohlbaum will auch Benjamin von Stuckrad-Barre nicht fotografiert werden. Er weiß jedoch um die Probleme, die sich eröffnen, wenn man vom gewohnten Weg abweicht:

> »Wenn man in Deutschland als Autor ein Buch schreibt und dann mit Elke Heidenreich rumzieht und sich schwarz-weiß für ein Autorenfoto ablichten lässt, ist alles okay, aber sobald man etwas probiert, womit man scheitern kann und das auch peinlich werden kann […], wodurch aber nur auch etwas Neues entstehen kann, dann nicht.«[2]

Hier zeigt sich ein deutlicher Bruch mit dem traditionellen Autorenimage, zu dem auch Selbstbeschreibungen folgender Art nicht mehr passen wollen:

> »Benjamin von Stuckrad-Barre, geboren am selben Tag wie die Ausnahmekünstler Mozart und Tricky: 27. Januar. Allerdings 1975 und in Bremen. Er schreibt für verschiedene Blätter, die allesamt am Kiosk ausliegen. Solch einen Kiosk findet man fast überall, Benjamin von

Stuckrad-Barre dagegen meistens in Köln, wo er lebt, wohnt, arbeitet und nie weiß, was er anziehen soll.« (Soloalbum: 3)

Hier wird der junge Debütant Stuckrad-Barre in eine Reihe gestellt mit prominenten Vertretern sowohl der Hoch- (Mozart) als auch der Populärkultur (Tricky), was seine eigene ambivalente Positionierung deutlich macht. Relevant für die Beschreibung dieser Art Autoren ist, so zeigt sich, neben dem Geburtsjahr respektive dem (jugendlichen) Alter auch der Wohnort sowie die Problematik, sich angemessen zu kleiden, sprich, ein ›cooles‹ Äußeres an den Tag zu legen.

Der hier genannte Schriftsteller, der insbesondere in seinen Anfangsjahren die beschriebenen Formen von Selbstinszenierung und -darstellung besonders stark ausreizte und zuspitzte, ist nicht zufällig der populärste aus der Popautoren-Riege. Weil Benjamin von Stuckrad-Barre wie kein anderer auf allen Ebenen sämtliche Merkmale eines Popliteraten vereint und insbesondere durch seine zur Schau getragenen Star-Allüren besticht, steht er im Fokus dieses Kapitels.

Stuckrad-Barres Qualitäten als Entertainer gepaart mit seinem Hang zur Selbstinszenierung, den man von veritablen Popstars kennt, verschafften ihm insbesondere in den Jahren 1998 bis 2001 eine Dauerpräsenz in den Medien. Besonders im ersten Jahr nach seinem Durchbruch mit dem Bestseller *Soloalbum* (1998) geriet er zu einem regelrechten Talkshow-Hopper und wurde durch alle Kanäle gereicht. Nicht nur hier war er häufig für ein kleines Skandälchen gut: Im Herbst 1999 sorgten Stuckrad-Barre und sein Freund und Kollege Christian Kracht beispielsweise für Aufsehen, als sie als Models für das Modehaus Peek & Cloppenburg engagiert wurden. Mit den daraus resultierenden Werbeplakaten untergruben sie endgültig das traditionelle Autorenbild und rissen die letzten Grenzen zwischen Hoch- und Subkultur nieder, indem sie sich in einer ›direkten Aktion‹ an die konsumfreudige Masse wendeten.

Im selben Jahr begannen die Gazetten auch ausführlich über das Privatleben Stuckrad-Barres zu berichten. Neben diversen Liaisons zu verschiedenen Schauspielerinnen oder Fernsehmoderatorinnen wurde in der Öffentlichkeit vor allem über seine Beziehung mit der Fernseh-Komikerin Anke Engelke spekuliert und diskutiert. Nachdem Stuckrad-Barre seine zweite Veröffentlichung *Livealbum* (1999) mit der Widmung »dies – wie ohnehin alles / für Anke« versehen hat, war Engelke von den Klatschblättern schnell als Angesprochene identifiziert worden. Doch sowohl Stuckrad-Barre als auch Engelke dementierten lange Zeit konsequent. Die verheiratete Schauspielerin und Mutter einer kleinen Tochter lachte zu diesem Zeitpunkt angeblich gemeinsam mit ihrem Mann Andreas Grimm über die Gerüchte. Anfang 2000 trennte sie sich allerdings und Engelke zeigte sich fast ein Jahr lang mit einem anderen jungen Wilden, dem VIVA-Moderator Niels Ruf. Stuckrad-Barre wiederum verwendete die Gerüchteküche um ihn und Engelke in seinem darauffolgenden Buch *Blackbox* als Vorlage für die Mediensatire »Krankenakte Dankeanke« (Blackbox: 76-169). Zwei Jahre später wurde das Thema erneut aufgegriffen. Nach vielsagenden Anspielungen Engelkes bei einer *Wetten dass...?*-Sendung Ende 2002 bestätigten die beiden im Januar 2003 via *Bild*-Zeitung ihre angeblich sehr gut funktionierende Fernbeziehung zwischen Köln und Zürich und verwiesen darauf, dass diese schon vier Jahre dauere. Sie zeigten sich erstmals offiziell zusammen am 18. Januar 2003 auf dem 30. Deutschen Filmball in München. Doch schon im März desselben Jahres erklärte Stuckrad-Barre in der Schweizer Zeitung *Blick* die Liaison wieder für beendet.

Schlagzeilen machte Stuckrad-Barre außerdem durch die Verwicklung in mehr oder weniger juristische Streitereien. So ging er beispielsweise im Oktober 2000 mit der Androhung einer Schmerzensgeldklage gegen das Internet-Magazin *Thema 1* vor, das kolportierte, der Schriftsteller habe nach einer Lesung dem Schauspieler Robert Stadlober Drogen und Sex angeboten. Besonders dramatisch gestaltete sich der Rechtsstreit mit der Satire-Zeitschrift *Titanic* im Sommer 2001. Hintergrund war ein »Scherz«, den sich das Magazin zweimal mit Stuckrad-Barre erlaubte, indem es die Fotos von mutmaßlichen Kindermördern oder verurteilten Massenmördern mit Meldungen über vorgebliche Lesungen Stuckrad-Barres kombinierte. *Titanic* verstand es jedoch, die Auseinandersetzung zu ihren Gunsten auszuschlachten. Auch in einem anderen Fall, der die Öffentlichkeit erregte, musste der Schriftsteller letztendlich klein beigeben: Kernpunkt des Streits waren bissige Tiraden, die Stuckrad-Barre gegen Hartmut Engler, den Sänger der Band Pur, veröffentlichte. Für den Umstand, dass er dessen Frau heimlich in einem Café belauschte und das Gehörte in einem Text verarbeitete, entschuldigte er sich – jedoch nicht, wie vorgesehen, persönlich bei Engler in der Talkshow von Johannes B. Kerner, der er sich durch kurzfristige Absage entzog.

Dass er an sich die Öffentlichkeit nicht scheut, sondern ihr auch offensiv entgegentritt, konnte man nach längerer Abstinenz im Frühsommer 2004 erleben, als er über seine Drogensucht und seine Essstörungen sprach. Auf den Vorwurf, diese Medienbeichte sei nichts als ein PR-Trick, reagierte er mit der Erklärung, dass das Sprechen über seine Krankheit suchttherapeutisch als eine Art Rückversicherung fungiere. Als eine solche sieht er auch den Dokumentar-Film *Rausch und Ruhm* an, den die Fotografin Herlinde Koelbl über ihn drehte, während er auf dem Tiefpunkt seiner Sucht angelangt war.

Kult-Status erlangte Stuckrad-Barre jedoch nicht mit solch freiwilligen oder unfreiwilligen öffentlichkeitswirksamen Inszenierungen seines Privatlebens, sondern durch seine Bücher und Veröffentlichungen sowie vor allem durch seine berühmt-berüchtigten Lesereisen. Hier betreibt er virtuos und exzessiv eine erfolgreiche Form von extratextueller Performativität – und das in vollem Bewusstsein über das traditionelle Gegenmodell, mit dem er sich auch auseinandersetzt:

> »Die Leseecke wurde klassisch präpariert: Stuhlreihen, der Tisch, die Lampe, das schwarze Tuch und das Wasserglas. In Buchhandlungen zu lesen würde nicht mein größtes Hobby werden. Das Ladenneonlicht blieb an. Und als sie es auf meine Anregung hin ausknipsten, sah es sogleich nach Weihnachtsfeier im Gemeindehaus aus. Las Vegas war weit weg – es gab nicht mal einen separaten Bühnenaufgang, der Künstler, der Autor, der Star, der vom Plakat, ich nämlich, mußte kurz vor Lesungsbeginn durchs Publikum hin zum Lesetisch gehen, und das ist dann recht unpop.« (Livealbum: 190)

Stuckrad-Barre bevorzugt stattdessen ganz im Sinne von Pop eine neue Form der Inszenierung von Literatur, indem er sie als multimediale Show auf die Bühne und an die Leser bringt. Hier erlebt man die Wiederkehr des Erzählens als Wiederkehr eines unmittelbaren Literaturerlebens.

Dass Autoren ihre Bücher durch Lesungen dem Publikum näher bringen, ist an sich nichts Ungewöhnliches. Auch Pop-Autoren bedienen sich dieser Strategie – jedoch auf eine Art und Weise, wie sie bis dato nur an den Rändern des Literaturbetriebs zu finden war. Das beginnt bereits bei den Lesungsräumlichkeiten: Anstatt in Buchhandlungen und Stadtbüchereien liest man lieber in Kinosälen, Clubs, Konzerthallen oder sogar beim Musik-Festival »Rock am Ring«. Kein Wunder, dass Popliteratur-Lesungen in den seltensten Fällen ordinäre Lesungen mit schwarzem Tischtuch und Wasserglas sind, sondern viel mehr Popkonzerten ähneln.

Bei Stuckrad-Barres witzigen und abwechslungsreichen Performances treten die Texte in den Hintergrund, statt dessen unterhält der Autor sein Auditorium mit Kommentaren, Metareflexionen, Improvisationen und macht aus jedem Versprecher eine Pointe. Teilweise schweift er gänzlich vom Buch ab, liest frische Kolumnen oder Fremdtexte, erzählt Geschichten und Anekdoten, zeigt Dias, spielt Musik, macht sich über Personen des öffentlichen Lebens oder des Publikums lustig, die er in diverse

Spielchen mit einbezieht, und findet es angenehm, wenn auch gelacht wird. Begleitet wird er von verschiedenen Gästen, darunter etliche Schriftsteller-Kollegen, aber zum Beispiel auch Moderatoren oder Moderatorinnen aus dem Musikfernsehen sowie Fußballer.

Literarisch verarbeitete Beispiele solcher Abende sind in der Erzählung *Livealbum* nachzulesen, die die Erlebnisse eines jungen Schriftstellers auf seiner ersten Lesereise beschreibt. Die hier dargstellten »Shows« sind natürlich stilisiert und überspitzt dargestellt, doch zeigen sie deutlich den Schriftsteller und Lesereisenden als »Vertreter der Unterhaltungsindustrie« (Livealbum: 67), der sich ausverkaufte Hallen wünscht und einen geringen Zuschauerzuspruch keinesfalls für ein gutes Zeichen hält. Mittel- und Höhepunkt des Buches ist die »Doppellesung mit Freund Kracht« (Livealbum: 117), die beide ganz im Stil großer »Hardrockszenarien« mit folgenden Ingredienzien planen: »Licht, Sound, Effekte! Nebelgranaten, Trockeneis, Hydraulikbühne, Laufsteg ins Publikum, Merchandisingstände!« (Livealbum: 118) Hier überträgt Stuckrad-Barre bzw. sein Alter-Ego-Erzähler popmusikalische und -industrielle Prinzipien auf die Literatur und frönt Rock- bzw. Pop-Star-Ritualen, die man bislang nur von erfolgreichen Vertretern der Popkultur, sprich Pop(ulär)musik oder auch aus dem Kino, kannte:

> »Wir würden einen Laufsteg ins Publikum benötigen, eine Videoleinwand und Steven Tyler-Tücher am Mikrophonständer. Auf jeden Fall bedurfte es einer überlauten Ouvertüre.« (Livealbum: 118)

Im Anschluss an seine Lesungen finden konsequenterweise Autogrammstunden statt, während die literaturkritische Diskussion durch den Verkauf von Fanartikeln und Devotionalien ersetzt wird. Außerdem darf der Schriftsteller folgende »wunderbar[e] Entertainerdinge« tun:

> »Sprechprobe, Lichtprobe, Soundprobe, Musik lauter, bitte am Anfang NUR die Notausgangsschilder beleuchtet lassen, alles andere dunkel, danke, nein, noch kein Einlaß bitte, also, du von rechts, ich von links, dann blinkendes Spotlight, Musik aus und verbeugen.« (Livealbum: 121)

Das Publikum wird in das Spektakel einbezogen und ist fester Bestandteil der Show. Stuckrad-Barre greift also nicht nur die Bühnen-Allüren von Rock-Stars auf, sondern rekurriert auch offensiv auf die ästhetischen Prinzipien der *DJ-Culture*, wie sie Ulf Poschardt beschreibt: Poschardts DJ verfolgt genau wie Stuckrad-Barre das Ziel, seine Zuhörer zu fesseln und zu unterhalten. Beide achten penibel auf die Reaktionen des Publikums, um ihr Programm, ihre Zusammenstellung oder ihre Technik den Erfolgswerten anzupassen. So wie ein Remix gewährleisten soll, »dass das bestehende Stück im Kontext einer Discothek funktioniert und besser mit den anderen Elementen des DJ-Mixes harmonisiert«, ist auch der textliche Remix, den Stuckrad-Barre auf einer Lesungs-Show darbietet, eine »gezielte Abrichtung eines Stückes [seines Romans z.B.] auf einen bestimmten Kontext, einen bestimmten Zweck.«³ Stuckrad-Barre achtet bei seinen Auftritten auf alle Reaktionen des Publikums und remixt sein Programm entsprechend, um mit Hilfe der stetig wachsenden Erfahrungen eine am meisten Lacher und Unterhaltung versprechende literarische »Setlist« zu erstellen (Vgl. Livealbum: 119 f.). Die einem solchen Programmplan vorausgehenden Überlegungen werden in *Livealbum* ausführlich dargelegt:

> »Die abendliche Lesung mußte ein Erfolg werden, und nachdem mein Buch und ich jetzt einige Abende im Windkanal verbracht hatten, war es an der Zeit, eine verbindliche Dramaturgie zu erstellen. Bislang hatte ich einige markierte Stellen im Buch in loser Reihenfolge vorgelesen, noch viel zu oft suchend umhergeblättert und dabei verheddterten Quatsch geredet. Ich hatte ja ursprünglich gedacht, jeder Abend müsse anders sein. Ich hatte noch viel zu lernen. Jeder Abend war aus sich heraus anders, anderes Publikum, andere Laune, anderes Wetter, andere Stadt, andere Nachrichtenlage, ausverkauft, halbleer, unruhig, konzentriert, dunkel, hell – da mußte mein Part verläßlich sein. Und sich, das war die Kür, in einigen luziden Momenten aktuell auf die Umgebung beziehen. Dann bald zurück in den bewährten Ablauf.« (Livealbum: 89 f.)

Explizit orientiert sich der lesereisende Ich-Erzähler bezüglich seines Ablaufplanes an den Organisationsprinzipien von Live-Musikern:

> »Musiker notieren die geplante Songreihenfolge für einen Live-Auftritt auf einer Setlist: einen Knaller zu Beginn, ganz wichtig, damit die Menschen gleich dabei sind, vor allem auch begeistert genug, im Anschluß Unbekanntes zu hören und zu mögen. Denn es gibt auch wichtige Stücke, die KEINE Hits sind. Beim Erstellen einer Setlist ist darauf zu achten, die Hits gut zu portionieren. Den größten sowieso im Zugabenblock, um allzu großen frühzeitigen Abwanderungsbewegungen vorzubeugen.« (Livealbum: 90)

Für seine Literatur gelten die gleichen Überlegungen, er denkt die Analogie sogar noch ein paar Schritte weiter:

> »Singlehits in dem Sinne gibt es ja bei einem Buch nicht. Obwohl es doch ganz nett wäre, Singles auszukoppeln fürs Radio und für Unentschlossene, die nicht gleich das ganze Buch kaufen wollen: kleine Pixibücher für 3 Mark mit 10 Seiten leichtzugänglicher Köderliteratur. Und wie bei einem richtigen Singlehit würden Horden von Käufern darüber dann auf das Album, das Buch aufmerksam. Wieso gab es das nicht? Alles muß man selber machen.« (Livealbum: 90 f.)

Bei seinen Live-Auftritten gelingt ihm dies bereits:

> »Und so, wie bestimmte Lieder live anders zu spielen sind, schneller, kürzer oder genau umgekehrt, mußte auch ich einige Passagen umstellen, zusammenstreichen oder ergänzen. Ich war gerüstet. Mit diesem genauen Plan würde es mir leichter fallen, die Stimmung des Publikums aufzufangen und zu manipulieren.« (Livealbum: 91)

Durch solche Lesungs-Events, wie sie von Stuckrad-Barre und anderen (Pop-)Autoren praktiziert werden, gewinnt der Popliterat einmal mehr den Status eines Popstars. Als solcher sieht er sich nicht nur als Künstler, sondern auch als Dienstleistender einer Unterhaltungsindustrie, deren Domäne ursprünglich auf die audiovisuellen Pop- anstatt Hochkultur-Medien beschränkt war. In diesem Sinne wird die Kunst kapitalistischen Prinzipien unterworfen und beschränkt sich zudem nicht nur auf das Medium Buch. Die Neue Deutsche Popliteratur übernimmt in diesem Zuge das, was Film-, Werbe- und Musikwelt erfolgreich vorgemacht haben. In diesen Branchen finden sich schon lange Künstler als Popstars, die von John Fiske als eine »Bastelexistenz«[4] bezeichnet werden, die sich in der Selbstinszenierung ständig wandelt. In der Popkultur gibt es also nicht nur der Künstler und sein Werk, im Mittelpunkt steht vor allem der Darsteller, der auf mehreren Ebenen arbeitet bzw. konstruiert wird, und zwar nicht nur durch die kulturellen Artefakte, die er erschafft, sondern auch durch seine Äußerungen und Statements sowie durch den Diskurs, in dem er steht oder den er generiert. Diese Theorie, die zunächst für Popstars aus dem musikalischen bzw. allgemein popkulturellen Sektor entwickelt wurde, lässt sich sehr gut auf popliterarische Stars übertragen und anwenden.

Dass Neue Deutsche Popliteratur ganz selbstverständlich die Prinzipien und Marketing-Strategien der Film-, Werbe- und Musikbranche übernimmt, macht einen Großteil ihres Erfolges aus. Dabei kommt es Pop-Autoren zugute, dass sie meistens medienübergreifend arbeiten und sich häufig auch an Internet- und Musik-Projekten beteiligen. Popliteraten bewegen sich in der Medienlandschaft, sie stehen als Popjournalisten und -fans der Popkultur und den Neuen Medien nahe und können stilsicher mit beiden umgehen. Dass ein Popliterat in die Autorenexistenz eine Art von Medienprofessionalität hereinträgt, die man Autoren vorher weder zugetraut noch zugeordnet hätte, kann als das eigentlich Subversive und Provozierende der Neuen Deutschen Popliteratur angesehen werden.

Popliteraten brechen mit dem traditionellen Image des modernen Schriftstellers, indem sie sich als mediengewandte Popstars etablieren und unter anderem durch multimediale Performances zu einem Imagewechsel der schönen Literatur beitragen. Auf diese Weise hat Neue Deutsche Popliteratur Wirkung auf die Position der Gegenwartsliteratur in der aktuellen Medienlandschaft. Nicht nur die Dichter kommen aus ihren angeblich weltabgewandten Dichterstuben, auch die Literatur springt von den verstaubten Bibliotheken auf die Showbiz-Bühnen. Auf diese Art und Weise gelingt es, der Literatur eine neue Stellung und Bedeutung zu geben und ihr einen Status zu verleihen, der bisher den Populär-Medien zugeordnet war. Literatur steht diesen dann nicht mehr als Repräsentant der (hohen) Kultur konträr gegenüber, sondern befindet sich gleichberechtigt, weder über- noch untergeordnet auf einer Stufe neben anderen Kultur- und Medienangeboten. Denn das Problem des Buches lag oder liegt häufig darin, dass es im Vergleich zu anderen Medien zu wenig Erlebnisqualität und Kult zu bieten hat. Einzigartigkeit in der Konzentration auf das Hier und Jetzt – dies sowohl im Buch als auch in der Performance –, Episodenhaftigkeit, indem Lesungen zeitlich und räumlich begrenzt stattfinden, sowie Gemeinschaftlichkeit zwischen Produzenten und Rezipienten, die miteinander spontan interagieren, lässt Neue Deutsche Popliteratur hingegen zu einem Literatur-Event werden, das allen Ansprüchen der Erlebnisgesellschaft genügt. Sie hat gezeigt, wie Literatur im Konkurrenzverhältnis einer Eventkultur überleben, sich etablieren und insbesondere junge Leute erreichen kann: Sie hat der Literatur Erlebnisqualitäten eröffnet, indem sie ganz unverhohlen die Erfolgsgesetze der Popmusik und der dazugehörigen Show- und Verkaufspraxis kopiert hat. Ein solches Kultmarketing muss nicht auf Kosten der Qualität der Texte gehen. Eine Nichtbeachtung dieser Prinzipien jedoch kann einem noch so bemerkenswerten Text die Aufmerksamkeit verwehren, die er verdient hätte.

Dass Neue Deutsche Popliteratur ein wichtiger Faktor in der Literaturgeschichte der 90er Jahre ist, liegt also nicht in erster Linie an einer überragenden Qualität der Texte oder daran, dass diese einen einflussreichen und/oder innovativen literarischen Stil prägen. Ihr stärkster Punkt ist die Performance und die Inszenierung, mit der Literatur zum

Live-Erlebnis werden kann und damit ihr Fortleben sichert. Es ist das Verdienst von popmoderner Popliteratur, in Zeiten der elektronischen Bildmedien und am Ende der Gutenberg-Galaxis eine Generation für Literatur zu interessieren, die sich primär mit Videoclips und -spielen beschäftigt. Sie zeigt, wie man die Literatur aus ihrem bildungsbürger-lichen Nischendasein herausholen und ihr Kultpotential steigern kann.

Doch die fruchtbaren Verbindungen von Literatur und modernen Massenmedien sind keine originäre Erfindung der Neuen Deutschen Popliteratur. Die Notwendigkeit der Inszenierung stellte sich der Litera-tur schon lange. Popliteraten und andere, vornehmlich junge AutorInnen der Gegenwart nutzen sie lediglich umfassender und mutiger als bisher. Damit sichern sie zu einem großen Teil die Zukunft ihrer Zunft.

Literatur

Paulokat, Ute: Benjamin von Stuckrad-Barre. Literatur und Medien in der Pop-moderne, Frankfurt/Main, 2006.

Tillmann, Markus/Forth, Jan: Der Pop-Literat als ›Popstar‹. Selbstbeschrei-bungen und Selbstinszenierungen bei Benjamin von Stuckrad-Barre. In: Selbstpoetik 1800-2000. Ich-Identität als literarisches Zeichenrecycling, hg. von Ralph Köhnen, Frankfurt/Main, 2001, S. 271-283.

Winkels, Hubert: Grenzgänger. Neue deutsche Pop-Literatur. In: Sinn und Form 4/1999, S. 581-610.

Popmusik als Thema und Formatvorlage der Neuen Deutschen Popliteratur

- *Popmusik ist ein wichtiger Bezugspunkt in der fiktionalen Welt der Neuen Deutschen Popliteratur, weil sie Leitmotiv im Leben popsozialisierter Jugendlicher ist, welche als Handlungsträger der Romane fungieren.*
- *Durch intermediale Formzitate spielt popmoderne Popliteratur auch auf formaler Ebene mit Prinzipien der Popmusik.*

Als grundlegend für die meisten Formen von Popliteratur gilt ihre enge Verbindung zur Sphäre der Popmusik. Dieser Bezug zeigt sich allerdings bei weitem nicht alleine in der Beobachtung, Popliteratur handle nur von Musikerleben und musikalischen Zitaten. Popmusik ist zwar ein wichtiger Dreh- und Angelpunkt in der fiktionalen Welt der Popliteratur, weil sie Leitmotiv im Leben popsozialisierter Jugendlicher ist, welche als Handlungsträger der Romane fungieren, doch die Bezüge zwischen Popliteratur und -musik gehen weit über ihre inhaltliche Thematisierung hinaus. Popliteratur zitiert auch auf formaler Ebene die Prinzipien der verwandten Pop-Kunst, wie im Folgenden zu sehen sein wird. Neben solchen intermedialen Formzitaten, die über den Text hinaus bis hin zur Cover-Gestaltung reichen, ist zudem nicht zu vergessen, dass sich Popliteraten auch in ihren Inszenierungspraktiken an Verfahren orientieren, die aus der popmusikalischen Sphäre stammen. Da dieser Aspekt im vorhergehenden Kapitel bereits ausführlich dargestellt wurde, soll hier nun vorrangig auf die Thematisierung von (Pop-)Musik und die intermediale Bezugnahme auf sie eingegangen werden. Beides lässt sich wiederum insbesondere an den ersten zwei Büchern von Benjamin von Stuckrad-Barre beobachten, in denen sowohl auf inhaltlicher als auch auf intertextueller sowie intermedialer Ebene Popmusik ein dominanter Bezugspunkt ist.

Stuckrad-Barres Roman *Soloalbum* beispielsweise handelt eben nicht nur von einem Musikfan und -journalisten, der seiner Begeisterung für die Brit-Pop-Band Oasis Ausdruck verleiht, sondern lässt sich in vielerlei Hinsicht auch als eine intermediale Verbindung von Literatur und Musik lesen. Damit ist allerdings nicht eine Strategie gemeint, die versucht, musikalische Beats oder Rhythmen als Text wiederzugeben, wie sie Popliteraten anderer Generationen wie zum Beispiel Andreas Neumeister verfolgen. Stuckrad-Barres Text bleibt einer relativ typischen Romanerzählung verpflichtet. Doch das Buch selbst imitiert in seiner Ganzheit ein klassisches Produkt der Popindustrie, nämlich eine Tonscheibe, wie man sie in Form von Schallplatten, aber auch CDs kennt.

Dieses Prinzip manifestiert sich bereits in der Titelgebung und hat nicht nur für *Soloalbum*, sondern auch für die nachfolgenden Bücher *Livealbum* und *Remix* Relevanz. Alle drei Titel weisen auf gängige Begrifflichkeiten der Musikbranche hin, sind gleichzeitig aber auch in sich Programm: So wie ein musikalisches Soloalbum die Veröffentlichung eines Künstlers bezeichnet, der vormals innerhalb einer Band agierte und nun alleine in Erscheinung tritt, geht es in dem Roman *Soloalbum* um einen jungen Mann, der nach mehrjähriger Beziehung verlassen wurde und folglich »solo« unterwegs ist. Die Trauer um die verlorene Liebe zieht sich zwar als roter Faden durch die erzählte Geschichte, dient aber genauer betrachtet hauptsächlich als Auslöser der Handlung oder besser gesagt der Gedanken und Reflexionen, aus denen der Roman hauptsächlich besteht. Auf einem Livealbum wiederum kann man im Gegensatz zu Studioaufnahmen Mitschnitte von Auftritten eines Künstlers oder einer Band hören, bei denen diese ihre Musik »live« präsentieren. Analog dazu steht in der Erzählung *Livealbum* ein junger Schriftsteller im Mittelpunkt, der sich auf einer »Lesereise« befindet und sich als »Mitarbeiter der Unterhaltungsindustrie« mit den gleichen Phänomenen einer Tournee und Problemen von Live-Auftritten auseinandersetzen muss, wie ein musizierender Popstar: Publikum, Bühne, Entertainment, Interviews, Fotos, Pressekritiken und Fernsehauftritte. Auch die simplen Kapitelüberschriften »Show #1« bis »Show #12« weisen eher auf Bühnenspektakel der Pop- und Rockmusik hin, als auf traditionelle Autorenlesungen. Nur drei Kapitel weichen von dieser Nummerierung ab, nicht jedoch von dem popmusikalischen Kontext und seiner Sprache: »Break-Beat«, ein Begriff, der auch einen Musik-Stil bezeichnet, überschreibt einen Pausen-Tag während der Tournee. »Day Off« behandelt die Gefühlslage nach dem Ende der Reise: off zu sein, also ›aus‹ im Gegenteil von on/›an‹, sprich auf Tour, unterwegs und im Gespräch zu sein. »Big in Bangkok« ist eine intertextuelle Anspielung auf den populären Song »Big in Japan«, der hier entsprechend des Handlungsortes variiert wurde. Das Kapitel erzählt die Erlebnisse des Protagonisten in der thailändischen Hauptstadt, wobei big die wohl treffendste Aussage über seine zu fortgeschrittener Stunde eintretende Gemütslage ist.

Die Covergestaltung von Stuckrad-Barres Büchern unterstützt die Assoziationen, welche die Titelgebung auslösen soll: Während ein Foto von wartenden Groupies das vordere Umschlagbild von *Livealbum* ziert, ist es auf der Rückseite mit einem Aufkleber versehen, der über die aktuellen »Tourdaten« der Lesereise informiert. Diese Form von Werbung findet normalerweise auf CDs Verwendung. Auf dem Titelblatt des Romans *Soloalbum* wiederum lässt sich vor einem unscharfen Hintergrund eine stilisierte Scheibe erkennen. Der Eindruck, dass es sich hierbei um einen traditionellen Tonträger handeln soll, wird verstärkt, wenn man das Buch aufschlägt und sich die grafische Gestaltung des inneren Titelblatts sowie des Inhaltsverzeichnisses und sogar der Paginierung ansieht. *Soloalbum* ist in zwei Hälften aufgeteilt, welche im Inhaltsverzeichnis, das die Scheibensilhouette übernimmt, ganz wie bei einer Schallplatte A- und B-Seite genannt werden. Neben den Seitenzahlen sind Doppelpfeile gedruckt, die man unschwer als die Symbole für Vor- bzw. Zurückspulen identifizieren kann. Dies ist zwar bei einer herkömmlichen Vinyl-Schallplatte nicht möglich, allerdings bei deren Nachfolgerin, der ebenfalls scheibenförmigen CD. Dass diese wiederum keine A- und B-Seite besitzt, stört den Gesamteindruck nicht, geht es doch ganz offensichtlich grundlegend um musikalische bzw. musikindustrielle Strukturprinzipien, die dem Leser den Eindruck vermitteln sollen, anstatt eines herkömmlichen Buches ein Musikalbum zu konsumieren.

Das letzte Puzzlestück in diesem Assoziationszusammenhang liefern die Kapitelüberschriften von *Soloalbum*, bei denen es sich ausnahmslos um Lieder der britischen Pop-Band Oasis handelt. Die Überschriften sind nicht wahllos ausgewählt oder aneinandergereiht, sondern beziehen sich inhaltlich auf die Themen oder Geschehnisse der jeweiligen Kapitel. Vor allem wird durch sie schon vor der ersten Text-Zeile des Buches auf dessen zweiten roten Faden verwiesen: Oasis sind die Helden des Protagonisten, er lebt mit ihrer Musik und findet zu jeder seiner Lebenssituationen den passenden Song bzw. die prägnanteste Text-Zeile. Nicht umsonst endet der Roman – im Gegensatz zum Kinofilm *Soloalbum* – auch nicht mit einem ›Happy End‹ der Liebesgeschichte, sondern mit dem fulminanten Besuch eines Oasis-Konzerts in Berlin.

Die Schallplatten-Metaphorik wurde in der Rezeption der Bücher wieder aufgegriffen. Ausgehend von den Cover-Farben der Erstausgaben, die sinnvollerweise von späteren Auflagen und Verlagen größtenteils übernommen wurden, sprach man unter Kennern der Einfachheit halber oftmals nur noch von dem »gelben« (*Soloalbum*), »roten« (*Livealbum*) oder »blauen Album« (*Remix*).

Remix, das blauen Album, greift weiter auf das semantische Feld der Popmusik zu. Ein Remix ist ein gebräuchlicher Begriff der Musikindustrie, der sich ins Deutsche übertragen als »Wieder-Mischen« oder als »neu gestaltete Tonaufnahme« nicht halb so gut anhört. Das Remix-Verfahren bezeichnet eine Neuauflage von bestehenden Songs oder Musikstücken jeglicher Art. Es verweist vor allem auf die maßgeblichen Prinzipien der »DJ-Culture«, wie sie Ulf Poschardt in seinem gleichnamigen Buch beschreibt: Mischen, Remixen und Sampling. Alle drei geraten kurzerhand zur poetischen Methode. Diese Pop-Paradigmen lassen sich nämlich ohne weiteres auf (literarische) Texte anwenden, wie Stuckrad-Barre, der auf einer Abbildung des Remix-Umschlags ein T-Shirt mit der Aufschrift »I know the DJ« trägt, idealiter beweist. So wie zwei Musikstücke gemischt werden können, um die Kreation von etwas Drittem zum bewirken, können auch bestehende Texte, Gedanken oder Theorien fusionieren. Durch ein Remix kann nach Poschardt ein Lied, aber auch ein bestehender Text in kreativer Reproduktion neu interpretiert werden.

Die DJ-Culture stellt somit den traditionellen Begriff des Künstlers und Autors in Frage. Dieser wird zum Sammler und Archivar, der Musik bzw. Texte als Rohstoff verwendet, Altes in neue Zusammenhänge setzt und sie somit im Jetzt neu erfindet. Obwohl der DJ sowohl im musikalischen als auch schriftstellerischen Bereich auf diese Weise in erster Linie Handwerker zu sein scheint, ist er doch auch Künstler, indem er dem Medium eine innovative und überraschende Form gibt. Als »Künstler zweiten Grades«[5] vereinigt er Neuheit und Tradition, Überraschung und Wiedererkennen und erstellt durch Techniken wie das Mixen, Cutten oder Scratchen immer wieder neue, irritierende Formen, die man boshaft als Recycling bezeichnen könnte, die für den Pop aber aufgewertet und zu einem der wichtigsten Stilprinzipien werden.

Der Titel *Remix* verweist nun nicht nur auf ein solches literarisches Verfahren der Neuen Deutschen Popliteratur, der Titel reiht sich nahtlos ein in die von *Soloalbum* und *Livealbum* begonnene Reihe: Bringt ein Künstler zunächst ein Soloalbum heraus, wird er daraufhin in der Regel auch einmal ein Livealbum aufnehmen und zu guter Letzt Remix-Versionen seiner Hits veröffentlichen, um sie noch einmal zweitverwertet unter die Leute zu bringen. Ähnlich handhab es der Pop-Autor Stuckrad-Barre – allerdings mit seinen Texten. Neumischung und Wiederaufbereitung lautet auch hier das Programm, das durch die Scrabble-Steine auf dem *Remix*-Cover visualisiert wird. Stuckrad-Barre macht in *Remix* aus seinen journalistischen Texten Literatur, was nicht nur einen Genre-Wechsel, sondern durchaus auch einen Medienwechsel mit sich bringt. Der Klappentext benennt das Remix-Prinzip explizit und bedient sich einmal mehr musikstrategischer Terminologien:

> »Texte nicht bloß zweitverwertet, sondern überarbeitet, nachgebessert (Sound! Rhythmus! Refrains!), entaktualisiert (fein gemacht für die Ewigkeit!), geschliffen, veredelt. Gestraffte Single-edits und angereicherte Maxi-Versionen machen »Remix« zu einer kompakten Best-of-Sammlung, [...].« (Remix: Klappentext)

In einem in *Remix* veröffentlichten Text wird eine besondere Form einer solchen persönlichen und musikalischen Best-of-Sammlung beschrieben: Bevor die Technologie das Brennen von CDs ermöglichte, war es eine beliebte Methode, sich für den Eigengebrauch Kassetten mit Lieblingsmusik zusammenstellen. Viel wichtiger konnte es jedoch sein, jemand anderem eine solche Kassette aufzunehmen. Diese sollte entweder den Urheber charakterisieren und/oder eine bestimmte Reaktion beim Gegenüber bewirken. Dass dies in erster Linie beim Flirten und gegenseitigen Kennenlernen von großer Bedeutung ist, findet schon in *Soloalbum* Erwähnung. Ausführlich beschreibt Stuckrad-Barre die Bedeutung solcher »Köderkassette[n]« jedoch schon in einem früheren Text aus dem Jahr 1996 mit dem Titel »Kassettenmädchen« (Remix: 285-291). Ein Kassettenmädchen zeichnet sich demnach dadurch aus, dass es eine große Anzahl solcher »Kassettenmädchen-Kassetten« besitzt. Daraus lässt sich schließen, dass sie viele junge Männer dazu animierte, sich nächtelang über die richtige Zusammenstellung der Musik den Kopf zu zerbrechen. Denn »[s]olche Kassetten müssen zu ungefähr gleichen Teilen aus wohlbekannten Hits einerseits und potentiellen Mädchen-Erfreu-Liedern andererseits bestehen. Wenn man dem Mädchen auf diese Weise auch nur ein einziges neues Lieblingslied beschert, hat man schon gewonnen.« (Remix: 285) Deswegen vergisst ein »Kassettenjunge« seine erste selbstgemachte Kassette, die »in ihrer Prägnanz dem ersten Kuß beinahe ebenbürtig« ist (Remix: 286) auch nie – genau wie Kassettenmädchen »noch Jahre und viele Kassetten später die exakte Reihenfolge der Lieder ihrer ersten Kassettenmädchenkassette runterrasseln können« (Remix: 286). Solche Kassetten, deren Hüllen sich durch mehr oder weniger komische bis eindeutige Beschriftungen auszeichnen, dienen offenbar als »probates Mittel zur Flirtintensivierung«, zeichnen aber auch ihre Besitzerinnen aus (Vgl. Remix: 286 f.). Es gibt allerdings auch »Fake-Kassettenmädchen, denen kein Junge Kassetten aufnehmen will«, und deren Kassetten leicht an den selbst- und dadurch mädchenhaft-gestalteten Covern zu enttarnen sind (Remix: 288). »RICHTIGE Kassettenmädchenkassetten« können »nur aus Leidenschaft entstehen« (Remix: 288).

Der Text ist ein gutes Beispiel für die explizite Thematisierung von Musik in popliterarischen Texten. Jedoch bezieht sich diese nicht ausschließlich auf essayistische oder journalistische Texte. Auch und gerade in narrativer Popliteratur ist oftmals das Musikerleben genau wie viele Musikzitate ein starker Bezugspunkt. Immerhin gilt Popmusik als Leitmotiv im Leben popsozialisierter Jugendlicher und diese stehen im Mittelpunkt der Popromane. Nun stellt sich die Frage, welche Aussage über Musik in den Texten der popmodernen Popliteratur zu finden sind? Generell kann man konstatieren, dass Musik als Lebensgefühl dargestellt wird, dass sich um Popmusik herum ein wichtiger Fankult etabliert und dass sie außerdem eine maßgebliche Rolle bei der Entwicklung und Repräsentation der eigenen Individualität spielt. Sie erfüllt vor allem die nostalgische Funktion, sich an bestimmte Situationen, Gegenstände, Menschen oder Lebensphasen zu erinnern. Bestimmte Songs erinnern an konkrete Lebensphasen oder prägende Erfahrungen wie zum Beispiel die erste Liebe (Vgl. Soloalbum: 34). Erinnerungswürdig und durch die entsprechende Musik verewigt werden aber auch Kollektiverfahrung, wie beispielsweise die Zeit nach dem Abitur, in der alle »saudoofe ›Crossovermusik‹ (so Dog Eat Dog und Rage Against The Machine, dieses irrelevante Zeltplatzgelärme eben) auf einem überaus unkultivierten tragbaren Soundwürfel oder so« (Soloalbum: 93) hören. Hierbei wird deutlich, dass die allgemeinste Funktion von Musik darin besteht, ein Lebensgefühl zu evozieren, zu begleiten oder zu konfigurieren. Bestimmte Musik passt zu speziellen Situationen. Deshalb sucht man die richtigen Platten zur eigenen Stimmung heraus, sei es nun eine gute oder eine schlechte. Mit bestimmten Songs kann man sich besonders gut identifizieren, zum einen auf Grund der damit verbundenen Erinnerungen, zum anderen gelingt dies aber auch, wenn das Lied inhaltlich und formal die eigene Gemütslage auf den Punkt bringt.

Denn es kommt eben nicht nur auf die Inhalte an. Eine wesentliche Form des Musikkonsums ist der Platten- bzw. CD-Kauf. Denn auch bei der Musik ist die Oberflächenästhetik von großer Bedeutung. Das erklärt Stuckrad-Barre in *Tristesse Royale*, wenn er sein Dasein als »wertkonservativer Popkonsument« (Tristesse Royale: 35) beschreibt, der weiterhin in einen Laden gehen möchte, um sich die Cover zu betrachten und herauszufinden, was sich die Band bei dieser Platte denkt. Außerdem kann man sich nur schwer dem eleganten Äußeren einer Platte entziehen:

> »Ich habe einige in der Vergangenheit alleiniglich aufgrund der Covergestaltung gekauft. Risiko, aber was so ausschaut, dachte ich, das kann nicht verkehrt sein.« (Autodiscographie: Booklet)

Dass der Materialität von Tonträgern eine große, gar lebensrettende Bedeutung zukommt, wird nicht nur in *Soloalbum* ausgeführt, sondern auch in einem ganz anderen Poproman pointiert auf die Spitze getrieben: Thomas Brussigs *Am kürzeren Ende der Sonnenallee* zeichnet aus ostdeutscher Perspektive ein ganz eigenes Bild von der Rolle, die Musik für Jugendliche spielen kann. Gleich zu Beginn der kurzen Erzählung wird deutlich gemacht, dass es auch auf der östlichen Seite der Mauer maßgeblich zur Bildung einer Clique beiträgt, aus den gleichen Verhältnissen zu kommen, die gleiche Kleidung zu tragen, dieselbe Sehnsucht zu spüren und eben auch – eng damit verbunden – bei den gemeinsamen Treffen die gleiche Musik zu hören. Sofort jedoch wird der Unterschied zur westdeutschen Situation mehr als deutlich. Am kürzeren Ende der Sonnenallee sorgt nämlich ein Musikhit für großen Ärger und verursacht eine problematische Personenkonstellation, die immer wieder maßgeblichen Einfluss auf die kommenden Geschehnisse hat. Denn die Jugendlichen um den Hauptprotagonisten Micha hören nicht einfach nur Musik, sondern »am liebsten das, was verboten war.« (Sonnenallee: 11) Ausführlich wird dargelegt, wie stark es die Wertschätzung eines Songs beeinflusst, wenn er als »verboten« gilt – selbst wenn niemand weiß, von wem und aus welchen Gründen Songs verboten werden. Völlig von dem Blues des besonders verbotenen Liedes »Moscow, Moscow« gefangen genommen, bemerkt die Clique zu spät den herannahenden, Tag und Nacht für Ordnung sorgenden Abschnittsbevollmächtigten (ABV). Sie können sich ihm gegenüber zwar noch mit der Behauptung herausreden, dass »verboten« in ihrer Jugendsprache lediglich ein Begriff sei, um seiner Begeisterung Ausdruck zu verleihen. Doch zu ihrem großen Entsetzen konfisziert der ABV die Kassette nicht nur, sondern verfolgt auch die Absicht, sie selbst im Kreise seiner Kollegen vorzuspielen. Da dies nicht zur lang erwarteten Beförderung, sondern zu seiner Degradierung führt, macht er fortan wo immer es geht dem ehemaligen Besitzer der Kassette das Leben schwer. Das Aufnehmen einer Kassette bzw. das gemeinschaftliche Konsumieren von Musik hat auf diese Weise nach vielen Verwicklungen letztendlich schwerwiegende Folgen für die Hauptfigur der Geschichte:

> »Wenn der ABV die Kassette mit Moscow, Moscow nicht an sich ge-
> nommen hätte, dann wäre Michas erster Liebesbrief auch nicht in den
> Todesstreifen geflattert.« (Sonnenallee: 16)

Besagter Micha verfolgt in Brussigs Erzählung das ehrgeizige Ziel, seine
Angebetete für sich zu gewinnen. Doch während eines mutigen Versuchs
der Kontaktaufnahme im Rahmen der Schuldisco macht ihm ausgerechnet ein unerwünschtes Lied einen peinlichen Strich durch die Rechnung:
Nachdem er den endlosen Spießrutenlauf durch die Disco auf sich genommen hat, um Miriam zum Tanzen aufzufordern, erklingt als näch-
stes Stück ein »Ostsong der übelsten Sorte [...] allergemeinster Tsche-
chenakzent« (Sonnenallee: 24), woraufhin sich nicht nur die Tanzfläche
schlagartig leert, sondern er sich auch bis auf die Knochen blamiert.
  Brussigs Erzählung zeigt eindrucksvoll, was es für die DDR-Jugend
bedeutete, in den Genuss und Besitz der beliebten westlichen Pop- und
Rockmusik zu gelangen. Während sich Michas West-Onkel Heinz beispielsweise aus (übertriebener) Angst vor Zwangsarbeit in Sibirien wei-
gert, ihm eine Platte von The Doors über die Grenze zu schmuggeln,
nimmt Michas Freund Wuschel als der leidenschaftlichste Musikanhän-
ger des Freundeskreises noch ganz andere Strapazen auf sich, um das
Doppelalbum »Exile on Main Street« von den Rolling Stones aufzutrei-
ben. Sein Abenteuer führt in die untergründigen Vertriebskanäle von
»verbotener« und »gefährlicher« Musik und zu mehr oder weniger
furchteinflößenden »Plattendealern« (Sonnenallee: 54 f.). Dass es ihm
schließlich gelingt, für semi-kriminell erpresste fünfzig West-Mark ein
Exemplar des Albums zu erstehen, hat im großen Showdown am Ende
des Buches mehr als ideelle Bedeutung. Denn Wuschel wird inmitten
eines chaotischen Grenzalarms, den ironischerweise ausgerechnet eine
durch die Grenzer »konfiszierte japanische Vier-Komponenten-Stereo-
anlage« (Sonnenallee: 60) auslöste, von einem Schuss getroffen. Doch
die grausam anmutende Szene nimmt eine überraschende, nicht minder
ironische Wende:

> »Wuschel lag auf der Straße, regte sich nicht, und alle heulten. Wo
> sein Herz war, hatte der Einschuß die Jacke zerrissen. Alle hatten
> immer gehofft, so etwas nie zu erleben. Aber nun war es passiert.
> Wuschel bewegte sich noch. Die Existentialistin beugte sich zu ihm
> hinunter, um ihn beim Sterben wenigstens bequem zu betten – aber
> plötzlich rappelte sich Wuschel auf. Er knöpfte seine Jacke auf und
> holte, noch ganz benommen, die Exile on Main Street hervor. Die
> Platte war zerschossen, aber sie hatte ihm das Leben gerettet. Wuschel

fing an zu heulen. ›Die echte englische Pressung!‹ schluchzte er, als er die Bruchstücke der Exile aus dem zerfetzten Cover zog. ›Die war neu! Und verschweißt! Und jetzt sind sie beide kaputt! Es war doch ein Doppelalbum!‹ Wuschel war in Tränen aufgelöst. ›Wuschel, wenn's nur eine wäre...‹, sagte die Existentialistin und wagte es nicht, den Gedanken zu Ende zu denken. ›Eine hätte nicht gereicht, Wuschel‹, sagte Herr Kuppisch. ›Ja doch‹, sagte Wuschel, von Weinkrämpfen geschüttelt. ›Trotzdem!‹« (Sonnenallee: 143)

Literatur

Ehrler, Hanno: Mixen, Loopen, Schneiden. Musik und Musikerfahrung in der Popliteratur. (Deutschlandfunk. Ausgestrahlt am: 25. 5. 2001.) Manuskript unter URL: http://www.hanno-ehrler.de/themen/s-popliteratur_dlf.pdf. [Letzte Abfrage: 9. 1. 2008]
Poschardt, Ulf: DJ-Culture, Frankfurt/Main, 1996.

Arbeit am Archiv: Die Semantik von Marken und Medien

- *Neue Deutsche Popliteratur bedient sich der semantischen Funktion von Markennamen zur soziografischen Kennzeichnung von Personen, Milieus und Szenen.*
- *Die fiktionalen Texte der popmodernen Popliteratur demonstrieren die Bedeutung audiovisueller Medien, welche kollektives Wissen schaffen, Prominente mit Vorbildfunktion generieren und die Welt- und Erlebniswahrnehmung sowie die individuelle Ausdrucksweise bestimmen.*
- *Neue Deutsche Popliteratur stellt eine Enzyklopädie bzw. einen Thesaurus medialer Gegenwart zusammen und archiviert damit die Kultur ihrer Zeit.*

»Also, es fängt damit an, daß ich bei *Fisch-Gosch* in List auf Sylt stehe und ein *Jever* aus der Flasche trinke. […] Also, ich stehe da bei *Gosch* und trinke ein *Jever*. Weil es ein bißchen kalt ist und Westwind weht, trage ich eine *Barbourjacke* mit Innenfutter. […] Vorhin habe ich Karin wiedergetroffen. Wir kennen uns noch aus *Salem*, obwohl wir damals nicht miteinander geredet haben, und ich habe sie in paar mal im *Traxx* in Hamburg gesehen und im *P1* in München. […] Außerdem hat sie mindestens schon zwei Gläser *Chablis* getrunken.« (Faserland: 13; Hervorhebungen U.P.)

Bei diesem Zitat handelt es sich um ein Extrakt der ersten Seite von Christian Krachts Roman *Faserland*. In diesen wenigen Sätzen finden sich allein schon sieben Bezeichnungen, die im weitesten Sinn ›Marken‹ beschreiben. Olaf Grabienski hat in seiner Arbeit über *Faserland* insgesamt 70 Marken- und Produktbezeichnungen gezählt – eine beeindruckende Zahl, die noch größer wird, wenn man, wie im obigen Beispiel geschehen, eine weiter gehende Definition anwendet und beispielsweise auch Namen von Nobel-Diskotheken wie das ›Traxx‹ oder das ›P1‹ sowie Modeschöpfern wie Christian Lacroix oder Jean-Paul Gaultier hinzu

zählt. Dies ist mehr als legitim, sind Einrichtungen oder Personen dieser
Art selbst schon längst zu einem Markenartikel geworden, bei dem man
automatisch den Namen mit einer gewisse Erwartungshaltung im Hin-
blick auf Qualität und Beschaffenheit verbindet. Hier verschwindet das
Produkt selbst hinter dem Namen, der es im Sprachgebrauch ersetzt.
Marken sind Chiffren, die auf etwas verweisen, das über das Produkt
hinausgeht. Dasselbe gilt selbstredend für Prominente verschiedenster
Bereiche des öffentlichen Lebens oder auch für Sportvereine, Musik-
gruppen oder ähnliches.

Die mehr oder weniger exzessive Verwendung solcher Markennamen,
die sich auf den restlichen 145 Seiten von Krachts Roman fortsetzt, ist
kein Zufall sondern ein Prinzip, das sich auch in vielen anderen popliterarischen Texten der 1990er Jahre findet. Sie führt sogar so weit, dass
Bücher wie *Tristesse Royale* oder *Generation Golf* nicht nur über Register
verfügen, was an sich schon einen gewissen Seltsamkeitswert hat, sondern in diesen Registern neben Personennamen und speziellen Sachver-
halten mit ganz selbstverständlicher Gleichberechtigung eine ansehliche
Anzahl verschiedenster Markennamen aufgeführt sind, wie ein belie-
biger Auszug beispielsweise aus Florian Illies' »Inspektion« deutlich
macht:

> »C-Jugend; Calvin Klein; Camel-Boots; Cappuccino; Capri-Sonne;
> Caritas; Carmen; Carrell, Rudi; Casati, Rebecca; Castor-Transport;
> Caterina; CDs, CD-Spieler; CDU, CDU-Frauenunion; Celan, Paul;
> Cello; Cellulitis; Cerrutti; ›Chance 2000‹« (Generation Golf: 200)

Dieser inflationäre Einsatz von Markennennungen sorgte bei Erscheinen
der Bücher für nicht geringe Irritation im Literaturbetrieb und erklärt,
wieso »Markenfetischismus« eins der meist gebrauchten »Schimpfwör-
ter« ist, mit denen Neue Deutsche Popliteratur im Feuilleton tituliert
wurde. Schon eine frühe Besprechung von Thomas Hüetlin geht auf das
Phänomen der Markennamen ein:

> »Die Oberflächlichkeiten und Äußerungen sind Krachts Halt, und
> manchmal wirkt sein Roman wie Bret Easton Ellis' ›American Psy-
> cho‹, dem vollständigsten Katalog des Lifestyle-Irrsinns – nur daß
> Kracht nicht wie Ellis das Erzählen den Markennamen unterordnet,
> sondern versucht, sie zu benutzen und hinter sich zu lassen.«[6]

Differenzierten und wohlwollenden Beobachtungen wie diesen stehen
etliche Rezensionen entgegen, die allein die Erwähnung von Markennamen grundsätzlich verurteilen. Kritisiert wird hier bloßes »label crashing«

und affirmatives »name dropping«, das keinen tieferen Sinn zu haben scheint, als eine reiche und schnöselige Schicki-Micki-Szene zu repräsentieren und dabei den Erzähler durch das Produkt aufhebt. Angesichts solcher Reaktionen hat Grabienski in seiner Untersuchung aber die Frage nach der Stilsicherheit solcher Rezensenten aufgeworfen, die eventuell nicht über das trendsichere Hintergrundwissen verfügen, um die ihnen gebotenen Reizwörter richtig deuten zu können.

Um die Aversionen zu verstehen, die dem Gebrauch von Markennamen in popmoderner Popliteratur entgegengebracht werden, lohnt sich ein Blick in die Geschichte der Marken in der Literatur, die Moritz Baßler in seinem Buch *Der deutsche Pop-Roman* skizziert: Die Markenkultur, wie wir sie heute kennen, ist ein relativ junges Phänomen, das erst unter modernen Produktions- und Distributionsbedingungen entstehen konnte, wie sie etwa ab dem Ende des 19. Jahrhunderts, also im Zuge der aufkommenden Industrialisierung, zu finden sind. Markennamen bezeichnen folglich Errungenschaften der Moderne und sind damit selbst ebensolche. International prominentestes Beispiel ist die berühmte Coca-Cola Flasche mit ihrem unverkennbaren Schriftzug, der zu Beginn des vergangenen Jahrhunderts normiert wurde. Inzwischen sind die Medienwelt und auch das – vor allem urbane – alltägliche Leben durch Markenartikel und die Werbung für sie bestimmt. Sie sind zum wesentlichen Bestandteil der Wirklichkeit geworden. Umso erstaunlicher, könnte man meinen, dass sie in Literatur hingegen in der Regel nicht vorkommen, dass Autoren bisher geradezu Strategien entwickelten, um ihre Nennung zu vermeiden. Selbstverständlich ist eine solche Verweigerung formal relativ problemlos möglich, das eingangs erwähnte Zitat aus *Faserland* beispielsweise könnte in diesem Sinne genauso gut folgendermaßen lauten:

> »Also, es fängt damit an, daß ich *bei einer Fischbude* in List auf Sylt stehe und *ein Bier* aus der Flasche trinke. […] Weil es ein bißchen kalt ist und Westwind weht, trage ich eine *gewachste Regenjacke* mit Innenfutter. […] Vorhin habe ich Karin wiedergetroffen. Wir kennen uns noch *aus dem Internat*, obwohl wir damals nicht miteinander geredet haben, und ich habe sie in paar mal *in einer Disko* in Hamburg und in München gesehen. […] Außerdem hat sie mindestens schon zwei Gläser *Weißwein* getrunken.« (Variation von Faserland: 13; Hervorhebungen und Veränderungen U.P.)

Doch liefe dies tatsächlich auf dasselbe hinaus? Hat diese Variante ohne Markennamen noch immer dieselbe ästhetische Wirkung? Bevor diese Überlegung weiter unten beantwortet wird, stellt sich hier zunächst die

Frage nach den Gründen für die Plausibilität einer solchen Schreibweise, die markante Bestandteile der Welt, die uns umgibt, systematisch ausblendet. Die dahinter stehende Haltung drückt in erster Linie aus, dass Kunst und Konsum aus Sicht der hohen Kultur gänzlich verschiedenen Sphären angehören. Kunst und Literatur im emphatischen Sinn hat verdichtet, zeitlos und schwerwiegend zu sein und aus genau diesen Gründen in größtmöglicher Distanz zur flüchtigen und scheinbar oberflächlichen Waren- und Medienwelt zu treten. Außerdem steht diese Welt nach traditioneller Sicht in direkter Konkurrenz zur Welt der Literatur und der Kunst: Das literarische Ideal pocht auf die eigene Definitionsmacht und will diesen Anspruch nicht dadurch preisgeben, dass auf das semantische Potential von Markennamen zurückgegriffen wird, dessen sich Popliteraten bedenkenlos bedienen. Denn diese fürchten ein solches Konkurrenzverhältnis nicht, genauso wenig wie sie die Trennung der hoch- und populärkulturellen Sphären akzeptieren. Insofern ist das positivistische Verfahren, in dem Markennamen, Werbeslogans und Typenbezeichnungen zu Bestandteilen der literarischen Sprache werden, ebenso konsequent wie der angebliche Tabubruch, sich als Autor selbst zu einem Markenartikel zu stilisieren. Diese neue Offenheit im Umgang mit den Insignien der Konsum- und Medienwelt ist nicht als Oberflächlichkeit oder defizitäre Abweichung abzulehnen, sondern muss als Phänomen eigenen Rechts verstanden werden. Sie eröffnet der Popliteratur sogar ganz neue Funktions- und Verfahrensweisen, die im Folgenden vorgestellt werden.

Markenbezeichnungen üben, wie eben schon angedeutet, eine semantische Funktion aus, die vor allem zur soziografischen Beschreibung von Personen, Milieus und Szenen dient. Auch dies lässt sich schon im Anfangskapitel von *Faserland* erkennen:

> »Karin studiert BWL in München. Das erzählt sie wenigstens. Genau kann man so was ja nicht wissen. Sie trägt auch eine Barbourjacke, allerdings eine blaue. [...] Karin ist mit dem dunkelblauen S-Klasse-Mercedes ihres Bruders hier, der in Frankfurt Warentermingeschäfte macht. [...] Jetzt erzählt sie von Gaultier und daß der nichts mehr auf die Reihe kriegt, designmäßig, und daß sie Christian Lacroix viel besser findet, weil der so unglaubliche Farben verwendet oder so ähnlich.« (Faserland: 13 f.)

Krachts Erzähler entwirft hier ein ohne Frage sehr klares Bild von seinem Gegenüber. Allerdings sagt er eben nicht explizit, dass Karin aus wohlhabenden Verhältnissen kommt, wirtschaftlichen Zusammenhängen ein größeres Interesse entgegenbringt als kulturellen oder geisteswissenschaftlichen Themen und ihre Garderobe aus Kleidungsstücken des obersten Preissegments zusammenstellt, die für Exklusivität und Stilsicherheit stehen, sondern transportiert diese Merkmale auf sehr prägnante Weise mit Hilfe verschiedener Schlagwörter. Dies kann nur durch den Umstand gelingen, dass Markennamen kulturell aufgeladen und übercodiert sind. Es sind nicht die Objekte selbst, die so relevant sind, dass sie die Thematik von Pop-Prosa bestimmen, es ist ihre Aufladung durch semiotische Zuschreibungen, die sich in den Objekten kondensieren und die ihre Bedeutung ausmachen. Grundlegend für das Glücken der semantischen Kopplungen ist zudem die intersubjektive Plausibilität: Wenn mehrere Leser unabhängig voneinander identische Assoziationen mit denselben Begriffen verbinden und folglich die gleichen Bedeutungen transportiert werden, funktioniert das Prinzip und bestimmt gleichzeitig auch das ästhetische Gelingen des Textes. Moritz Baßler illustriert beides sehr anschaulich an einer Anekdote, die das erfolgreiche Arbeiten mit Namen und Bezeichnungen der Musikindustrie in Benjamin von Stuckrad-Barres Roman *Soloalbum* belegt:

> »Sie hört gerne Reggae. Scheiß Pearl Jam findet sie ›superintensiv‹, auf ihre CDs von Tori Amos und PJ Harvey hat sie mit Edding geschrieben ›♀-Power rules‹, selbst einem Comeback von Ina Deter stünde sie aufgeschlossen gegenüber. [...] Auch allergisch reagiert sie auf die Spice Girls, die findet sie völlig scheiße. [...] und Herbert Grönemeyer mag sie nicht mehr so wie aber früher mal.« (Soloalbum: 32)

Mit diesen Worten beschreibt der Erzähler eine »ziemlich schreckliche Frau«. Eine Aneinanderreihung willkürlicher Klischees, könnte man mit bösem Willen meinen, doch Baßler berichtet von einer Bekannten, »die sich in dieser Passage so gut getroffen sah, daß sie, bereits Tori-Amos-Hörerin, sich getrost eine CD der ihr unbekannten PJ Havey zulegte – und selbstredend nicht enttäuscht wurde.«[7]

An anderer Stelle im selben Buch findet man eine ähnlich funktionierende Assoziationskette, die in diesem Fall aber das abstrakte Phänomen »Freunde« beschreibt und anders als im vorherigen Beispiel durch Waren und Konsumgüter wie Eis (Marke: Magnum) und Kartoffelchips geschaffen wird:

> »Kennt man ja aus Filmen: Du bist allein, alleingelassen worden, genauer gesagt, und alle deine Freunde, wenn da noch welche sind, bemuttern dich [...] Und sie bereiten den Nährboden für Pizza-Taxen, Videotheken, Magnum-Dreierpacks, Chips-Partytüten und solchen Dreck.« (Soloalbum: 37)

Das durch die Werbeindustrie geschaffene Bild von Freunden, die bei ihren Zusammenkünften Pizza, Eis und Chips verzehren, hat offensichtlich solche Standards etabliert, dass quasi reflexartig schon auf das bloße Stichwort reagiert wird: In *Tristesse Royale* rezitieren Christian Kracht und Stuckrad-Barre bei der Erwähnung des Wortes ›Freundeskreis‹ spontan im Duett »ein Gedicht«, das sich als der Crunch-Chips-Song aus dem entsprechenden Werbeclip herausstellt, den Stuckrad-Barre schon in dem vorangehenden Beispiel intertextuell mitdachte:

> »CHRISTIAN KRACHT Kids tragen Tommy Hilfinger, sagt Dr. Werner Funk. // ECKHART NICKEL Ganz früh schon hören sie Hip-Hop, und ihr Freundeskreis sieht ganz genauso aus wie sie. // *Benjamin von Stuckrad-Barre und Christian Kracht rezitieren ein Gedicht im Duett.* // CHRISTIAN KRACHT UND BENJAMIN VON STUCK-RAD-BARRE Suddenly all your friends are here – // *Eckhart Nickel erkennt das Gedicht und stimmt mit ein.* // CHRISTIAN KRACHT UND ECKHART NICKEL UND BENJAMIN VON STUCKRAD-BARRE No one stays alone that's clear. // CHRISTIAN KRACHT UND BENJAMIN VON STUCKRAD-BARRE Hey it's tasty, it's sunny. // CHRISTIAN KRACHT It's sound. Chrunchchips is the funniest sound around. // BENJAMIN VON STUCKRAD-BARRE In town.« (Tristesse Royale: 42 f.)

Diese semiotische Koordination der Assoziationen zum Begriff »Freundeskreis« durch einen Werbeslogan macht deutlich, dass die Produkte der Werbeindustrie längst Teil unserer Enzyklopädie geworden sind. Und um genau diese Enzyklopädie geht es in popliterarischen Texten, wie Moritz Baßler anschaulich ausführt. Popmoderne Popliteratur beschäftigt sich nicht mit Individualgeschichten, sondern stellt eine Enzyklopädie zusammen, mit anderen Worten einen Thesaurus medialer Gegenwart, der hilft, diese Gegenwartskultur zu archivieren. Im Mittelpunkt dieses Archivierungsprozesses stehen kulturelle Paradigmen, die durch das Sammeln, Ordnen, Segmentieren und Generieren von Phänomenen entstehen. Indem beispielsweise Benjamin von Stuckrad-Barre inmitten seiner narrativen Prosa Listen zusammenstellt, Serien entwirft, Kataloge gestaltet oder Rubriken füllt, gehen die gesammelten, geordneten und katalogisierten »Gegenwartskulturschnipsel«[8] in Diskurse ein und bestimmen die Formen der Welterfassung. Denn Paradigmen zeigen in der Sammlung Regelmäßigkeiten und Äquivalenzen zwischen den Elementen auf, sie bringen den Kern der Dinge und ihre übergeordneten Bedeutungen zum Vorschein (Vgl. Kapitel 6). Die Archivierung selbst funktioniert über die Mechanismen des Neuen in der Kunst. Baßler zieht hier Boris Groys' Theorie *Über das Neue* hinzu, welche besagt:

> »Das Neue ist nur dann neu, wenn es nicht einfach nur für irgendein bestimmtes individuelles Bewußtsein neu ist, sondern wenn es in bezug auf die kulturellen Archive neu ist.«[9]

Groys meint damit, dass durch die Aufzeichnung von Dingen aus dem profanen Raum und die damit verbundene Aufwertung diese Dinge in kulturelle Archive wie das der Literatur eingestellt und dadurch dauerhaft gespeichert werden. Indem popliterarische Texte Produkte, Phänomene und Alltagsbeobachtungen dezidiert als Bestandteil der literarischen Sprache verwenden, sie dadurch aufzeichnen und ihnen Bedeutungen zuschreiben, werden eben auch Markennamen und Werbeslogans Teil der Enzyklopädie der Gegenwart. Vor diesem Hintergrund lässt sich Neue Deutsche Popliteratur als Archivierungs- und Rekanonisierungsmaschine verstehen.

Auf den ersten Blick ist es erstaunlich, dass ein größeres Lesepublikum von einer solchen ›katalogischen Literatur‹ begeistert ist, bei der anders als in traditionellen narrativen Texten die Story eher am Rande geschieht. Für Moritz Baßler ist diese Beobachtung ein Indiz dafür, dass sich die junge Leserschaft der Popliteratur souverän in der von Markt und Medien geprägten Umgebung bewegt, wahrscheinlich souveräner als manch ein Rezensent, der kulturpessimistisch eine Beherrschung und Korrumpierung durch die Werbewelt befürchtet. Ganz im Gegenteil dazu pflegt Popliteratur einen selbstbewussten, wohlüberlegten und durchaus auch ironisierenden Umgang mit ihr.

Noch etwas anderes lässt sich in diesen Texten ablesen: die Abkehr von der etablierten Buchkultur zugunsten der Neuen Medien. Dass die reine Lesekompetenz nach und nach durch eine allgemeine Medienkompetenz abgelöst wird, ist heutzutage mediensoziologisch gut belegt. Doch kann man diese Entwicklung auch an fiktionalen Texten nachvollziehen. Heinrich Kaulen weist darauf hin, dass in Romanen und Erzählungen, die einer authentischen Beschreibung der Gegenwart verpflichtet sind, anstelle lesender Figuren immer häufiger Medienkonsumenten auftreten. Dies wirkt sich auch auf intertextuelle Bezüge aus: Referenzen auf literarische Texte werden vielfach nicht mehr verstanden, intersubjektive Plausibilität gelingt stattdessen über kleinste Anspielungen bezüglich Filmen, TV-Sendungen und -serien, Videoclips, Werbespots, Modeartikeln, Labels und Markenzeichen. Diese können mühelos als Verständigungscodes eingesetzt werden, weil sie als »intellektueller Assoziationsraum«[10] ständig präsent sind.

Die große Bedeutung von audiovisuellen Medien im Vergleich zu Büchern oder Literatur offenbart sich also in den unterschiedlichen Bezugnahmen auf sie. Und in der Tat zeigt popmoderne Popliteratur, dass Inhalte aus den Neuen Medien eine nicht unerhebliche Rolle spielen. Sie schaffen kollektives Wissen, auf das man sich beziehen kann, sie generieren Prominente, die eine Vorbildfunktion ausüben, und sie bestimmen vor allem anderen die Welt- und Erlebniswahrnehmung sowie die individuelle Ausdrucksweise, die eben nicht mehr individuell ist, sondern nach medialgeprägten Mustern stattfindet. Damit ist gemeint, dass die Sozialisation durch und mit Medien dazu führt, dass man sich wie im Film verhält, wie im Fernsehen spricht und seine Gefühle via Musik transportiert. Man denkt und handelt also nach Mustern, die von den Medien vorgegeben werden, und verwendet Redeweisen und Zitate, die auf diese Weise ins kulturelle Gedächtnis übergehen. Deswegen funktionieren auch Beispiele und Vergleiche am besten über den Bezug auf Filme, Fernsehen und Musik. Hier scheint ein kollektives Wissen bzw. Gedächtnis möglich zu sein, das als gesellschaftliche Grundlage dienen kann.

Immer wieder wird beispielsweise in den Texten Benjamin von Stuckrad-Barres beschrieben, dass sich Figuren »wie in Filmen« verhalten oder es zumindest in ihren Träumen und Vorstellungen gerne würden. Das zeigt, welche große Vorbildrolle die Filme bzw. ihre Protagonisten gerade für junge Menschen haben. Viele Situationen, die man erlebt, sind oder erscheinen einem bereits als bekannt, häufig allerdings nicht aus eigener Erfahrung, sondern aus Erlebnisbildern, die über das Fernsehen transportiert werden:

> »Wer noch nie auf einem Bauernhof war, assoziiert mit dem Wort Landwirtschaft eine Mischung aus Enid Blytonschem bzw. carokaffeeskem Ferien auf dem Bauernhof-Idyll (Natur! Geheimnisse! Rührei mit Speck! Verschlagen blickende Knechte! Kalbende Kühe! Stroh in den Kissen! Volker Lechtenbrinkstimme!) und zum Herbstbeginn eingesetzte Tagesschau-Zwischenschnittbilder (Mähdrescher, Melkmaschine, Traktoren auf einsamen Alleen davonfahrend).« (Blackbox: 290)

Vorbildfunktion haben aber auch die durch Medien generierten Prominenten, die manch einer oftmals besser zu kennen meint als seine leibhaftigen Bekannten. Durch den Aufbau parasozialer Beziehungen dienen sie als Bezugspunkte verschiedenster Arten. So sind Bettlaken heute nicht mehr gespannt wie beispielsweise eine Leinwand, sondern »wie Jürgen von der Lippes Hemden« (Livealbum: 209). Eindeutiger und interessanter als dieses sehr simple Beispiel wird es auf sprachlicher Ebene:

»[M]an konnte vom Boden essen, würde Marie-Luise Marjahn sagen«, weiß der Erzähler von »Saisonarbeiter« (Mesopotamia: 212), während die Hauptfigur in *Soloalbum* eine Vorliebe für nostalgische Bezeichnungen hegt und den »absolut großartigen Schaumeister [!] Dieter Thomas Heck« (Soloalbum: 54) dafür ehrt, »Heimdiscothek« zu Stereoanlagen zu sagen (Soloalbum: 107).

Es zeigt sich hier, dass nicht nur die Sprache oder Ausdrucksweise von Prominenten Einfluss auf die Verständigungsstrukturen hat. Die öffentlichen Personen stehen auch stellvertretend für eine durch sie repräsentierte Haltung. So bezeichnet Stuckrad-Barre in *Tristesse Royale* die These, dass die Jugend von heute nicht mehr mit Geld umgehen könne, weil sie »nie richtige Not erlebt« habe (Tristesse Royale: 24), als ein »Gräfin-Dönhoff-Argument« und ordnet dem Fernsehschauspieler Heiner Lauterbach wiederum die Behauptung zu, es handle sich um ein »völlig falsches Kulturverständnis, […] daß Theater an sich schon einen Wert darstellt« (Tristesse Royale: 76).

Zusammenfassend lässt sich festhalten, dass Popliteraten den soziokulturellen Umbrüchen der letzte Jahrzehnte hin zur Medien-, Konsum- und Erlebnisgesellschaft nicht nur offen und wohlwollend gegenüber stehen, sondern nicht zuletzt gerade die durch die neuen Medien veränderte Realität als Fundament ihres Schreibens nutzen. Aus diesen Sphären schöpfen sie ihr Material und treiben mit den darin zu findenden Phänomenen und Bezeichnungen ein affirmatives, zynisches, ironisch-selbstreflexives oder auch satirisches Spiel. Dass Menschen in den Medien zu Marken aufgebaut werden, für diesen Prozess sind die Autoren der Neuen Deutschen Popliteratur selbst ein gutes Beispiel.

Literatur

Baßler, Moritz: Der deutsche Pop-Roman. Die neuen Archivisten, München, 2002.

Grabienski, Olaf: Christian Krachts Faserland. Eine Besichtigung des Romans und seiner Rezeption, Hausarbeit am Institut für Germanistik II der Universität Hamburg, Wintersemester 2000/2001. Volltext unter URL: http://www.olafski.de/archiv/arbeiten/kracht.pdf. [Letzte Abfrage: 15.2.2008]

Groys, Boris: Über das Neue. Versuch einer Kulturökonomie, Frankfurt/Main, 1999.

Jugend und Generationskonflikte im
>popmodernen< Adoleszenzroman

- *Pop und Jugend sind eng miteinander verknüpft. Die heutige Populärkultur ist in ihren grundlegenden Erscheinungsformen Teil der Jugendkultur.*
- *Da auch die Neue Deutsche Popliteratur durch jugendliche Autoren, Leser und Protagonisten geprägt ist, ist es eine nahe liegende Möglichkeit, sie als Jugendliteratur zu lesen. Die Kinder- und Jugendliteraturforschung sieht popmoderne Popliteratur als eine Form von postmodernem Adoleszenzroman an und liefert damit eine interessante Lese- und Interpretationsmöglichkeit.*
- *Betrachtet man Neue Deutsche Popliteratur im Kontext des Adoleszenzromans, ergibt sich zudem die Fragestellung: Wie steht es mit den Generationskonflikten in der Popliteratur?*

Wenn in der öffentlichen Diskussion der späten 90er Jahre von Popliteratur die Rede war, wurde geradezu reflexartig auf das Geburtsjahr der Autoren und Autorinnen verwiesen. Als bemerkenswert hervorgehoben wurde dabei stets das noch erstaunlich junge Alter der Schreibenden: Alexa Hennig von Lange veröffentlichte ihren ersten Roman 1997 im Alter von 24 Jahren, Benjamin von Stuckrad-Barre debütierte ein Jahr später und war damals 23 Jahre alt, während Benjamin Lebert noch nicht einmal die Volljährigkeit erreicht hatte, als sein Roman *Crazy* im darauf folgenden Jahr zum Bestseller wurde.

Jugend wurde auf diese Weise schnell zu einem signifikanten Merkmal von Neuer Deutscher Popliteratur erklärt. Das ist auch gar nicht so weit hergeholt. Schon seit jeher existiert eine starke Korrelation zwischen Pop und Jugend. Akteure der Popkultur wie beispielsweise auch Popmusiker sind normalerweise entweder jung oder versuchen zumindest so zu wirken. Da jedoch das vehemente Abheben auf das Merkmal Alter ein Beschreibungsmuster von fraglichem Erkenntnisgewinn ist, muss die Jugend verknüpft sein mit einer spezifischen Form von Jugendlichkeit, besser gesagt mit dem Image des Jugendlichen. Dazu zählt nicht nur ein der Mode entsprechendes, attraktives Äußere, ein passendes Outfit und Styling, sondern vor allem ein starker Bezug zur popkulturellen Sphäre. Bei PopliteratInnen handelt es sich also nicht nur um junge, sondern vor allem um jugendliche, popsozialisierte AutorInnen, die sich ganz selbstverständlich als mediengewandte literarische Popstars inszenieren (Vgl. Kapitel 1).

Doch auch die Zielgruppe innerhalb der Popkultur wie beispielsweise Musik-Fans oder die Leser von Pop-Romanen zeichnen sich in der Regel durch ihr junges Alter oder eine ebensolche Attitüde aus. Was nicht verwundert, lebt doch sowohl die Popmusik als auch die Popliteratur von emphatischer Identifikation, die dadurch gelingt, dass Popsongs oder popliterarische Prosa in den meisten Fällen die Lebens-, Gefühls- und Gedankenwelt Heranwachsender widerspiegeln. In den fiktionalen Texten der Neuen Deutschen Popliteratur agieren in der Regel jugendliche Protagonisten in einer Welt, die nicht viel mehr kennt als ihre persönlichen Interessen und Probleme sowie die Insignien der Populärkultur. In dieser Welt stehen sie in der Regel relativ alleine und mehr oder weniger selbständig da, Halt finden sie in einem Freundeskreis, in dem sich die wichtigsten Bezugspersonen versammeln. Über ihren familiären Hintergrund erfährt man normalerweise wenig, die Eltern werden höchstens erwähnt, glänzen meist durch Abwesenheit oder spielen einfach keine entscheidende Rolle.

Während in *Soloalbum* ein junger Mann, dem trotz eines interessanten Jobs neben seiner Ex-Freundin nur Musik und insbesondere die Band Oasis wirklich wichtig zu sein scheint, gerade aus einer Beziehung gestoßen wurde und sich nun entweder in seiner vermüllten Wohnung verbarrikadiert oder sich bei nächtlichen Streifzügen mit Freunden ablenkt, befindet sich in *Faserland* ein ebenfalls junger, offensichtlich wohlhabender Mann, der keiner geregelten Tätigkeit nachzugehen scheint, auf einer einsamen Reise durch Deutschland, bei der er sich mit alten Freunden und Bekannten trifft und von einer Party zu nächsten kollabiert. Auch in *Relax* steht ein junges Pärchen im Mittelpunkt, das ohne erkennbare familiäre Bindungen in jeweils eigenen Wohnungen lebt, ohne dass beispielsweise Informationen über ihre Herkunft oder ihre Berufe vermittelt werden. Die Handlung spielt während eines Wochenendes und besteht darin, dass der junge Mann mit seinen Freunden Drogen konsumiert und um die Häuser zieht, während das Mädchen auf ihn wartet oder ihrer besten Freundin ihr Leid klagt. Obwohl sich die (familiäre und schulische) Situation in der Erzählung *Am kürzeren Ende der Sonnenallee* etwas präziser darstellt, zeigt sich doch auch hier, dass im Mittelpunkt der Handlung und der Gedankenwelt des Protagonisten die gemeinsamen Treffen mit seinen Freunden, ihre Begeisterung für Musik und vor allem für Mädchen steht.

Betrachtet man in einem historischen Rückblick die frühsten Wurzeln der Populärkultur, finden sich allerdings noch nicht viele Hinweise auf eine solch enge Verknüpfung mit der Jugend oder einer bestimmten Form von Jugendlichkeit. Abgeleitet aus dem lateinischen populus lässt sich populär zunächst als volkstümlich, das heißt ›von dem Volk‹ bzw. ›für das Volk‹, also als volksnah und allgemein verständlich übersetzen. Ideologisch wollte sich diese erste Populärkultur des 18. Jahrhunderts als Kulturform der bürgerlichen Gesellschaft von der ehemaligen Ständeordnung des Feudaladels abheben. Neben dem Aspekt der Volkstümlichkeit wird das Populäre jedoch im Laufe der Zeit immer mehr auch zu einem Gradmesser für Bekanntheit und Beliebtheit. So betrachtet weist die Bezeichnung auf Akzeptanz bei einem breiten Massenpublikum hin, die im Gegensatz zu den Ansprüchen und dem Selbstverständnis der elitären Hochkultur steht. Diese stellt häufig den Antipoden der Populärkultur dar. Konkretisiert man diesen Kontrast auf exemplarische kulturelle Erscheinungen, umfasst die Hochkultur beispielsweise das Theater, die ›klassische‹ Literatur und Musik sowie die Malerei, sprich die ›Kunst‹ im traditionellen Sinn bzw. die ›Künste‹ allgemein. Demgegenüber ordnete man der Populärkultur als Volks- und Massenkultur zur Zeit ihrer Entstehung Theaterformen wie beispielsweise das Kabarett, Formen der Malerei wie das Panorama, Bücher aus dem Bereich der Trivialliteratur oder später Comics und Groschenhefte, Populärmusik und – in der Folge von medientechnologischen Neuerungen wie Kino und Radio – den Unterhaltungsfilm und den Schlager zu. Bei diesen geht es nicht in erster Linie um geistige Erbauung, wie es häufig der Anspruch der hochkulturellen Güter sein soll, sondern um Unterhaltung, Vergnügen, Spaß, aber auch um sinnliche bzw. körperliche Erfahrungen – Phänomene also, die in erster Linie der Sphäre des Jugendlichen zugeschrieben werden.

Bis heute findet sich jedoch keine eindeutige und verbindliche Definition von Populärkultur, immer wieder wird daher auf Hilfsumschreibungen zurückgegriffen. Die Rede ist in diesem Zusammenhang beispielsweise von Trivialkultur, Massen- und Medienkultur, Unterhaltungs- und Erlebniskultur, Gegen- oder Subkultur. Doch all diese Präzisionen treffen ganz unterschiedliche Ebenen der Populärkultur und sind in keinem Fall mit ihr gleichzusetzen. Viele dieser Begrifflichkeiten entstanden während der zweiten Hälfte des 20. Jahrhunderts im Zuge weiterer Ausdifferenzierungen der noch nie als homogen zu bezeichnenden Populärkultur. Zu diesem Zeitpunkt hat sich zudem von Amerika ausgehend eine neue Jugendkultur als Lebensgefühl herausgebildet, die zu einer veränderten Begriffsbestimmung der Populärkultur hin zum ›Pop‹ im heutigen Sinne führte: Jörgen Schäfer beschreibt diese als »labile kulturelle Formation«, »die sich als ein variierender Verbund aus jeweils ganz spezifischen Pop-Songs, Kleidungsmoden, Filmen, (Selbst-)Inszenierungspraktiken und bisweilen auch subkulturellen Ideologien in wechselnden Filiationen immer wieder von neuem konstituiert.«[11] Damit weist er darauf hin, dass Pop-Phänomene in den unterschiedlichen Bereichen der Alltagswelt Jugendlicher auftreten. Pop wird zum Synonym für den neuen Lebensstil der jungen Generation und bringt deren Lebensgefühl zum Ausdruck.

Eng mit den Auswüchsen dieser Populärkultur als Jugendkultur hängt der der Silbe Pop zugeschriebene onomatopoetischer Eigenwert zusammen: Wenn ›Pop‹ aus dem englischen Substantiv pop bzw. dem entsprechenden, ebenfalls lautmalerischen, englischen Verb to pop hergeleitet wird, entfaltet sich der popcharakteristische Bedeutungsspielraum von explosivem Protest und Rebellion und einer antibürgerlichen Gegenkultur. Hier steht das als progressiv bis revolutionär, renitent, subversiv und provokant verstandene ›populär‹ sowohl dem Erhabenen der Hochkultur als auch der sogenannten Bürgerlichkeit gegenüber. Also grenzt sich Populärkultur heute nicht mehr nur von allem Hochkulturellen ab, sondern auch von der früheren Unterhaltungskultur, die in Deutschland aus Schlagermusik, Heimatfilmen und Landserromanen bestand.

Es stellt sich nun die Frage, ob man in Analogie zu den vielen Verbindungen zwischen Pop und Jugend bzw. zwischen der Populärkultur und der Jugendkultur nun auch Popliteratur als Jugendliteratur verstehen kann oder sollte. Ein Blick in frühe Forschungsarbeiten legt dies als eine von mehreren Möglichkeiten nahe. Immerhin war es die Kinder- und Jugendliteraturforschung, die sich als eine der ersten Wissenschaften mit dem Phänomen der Popliteratur der 90er Jahre auseinandersetzte.

Für sie ist die deutsche, aber auch die angloamerikanische Popliteratur Beispiel für eine neue Ausformung des so genannten Adoleszenzromans. Dies ist ein relativ neuer Gattungsbegriff, der erst seit Ende der 1980er Jahre in den Forschungen zur Kinder- und Jugendliteratur Verwendung findet und sich im folgenden Jahrzehnt durchsetzt. Wie schon aus der Benennung deutlich wird, verhandelnd die Texte das Thema des Erwachsenwerdens und sind damit eine Subgattung des modernen

Jugendromans. Die Protagonisten sind keine typisierten Figuren in exemplarischen Handlungskonstellationen, sondern werden als unverwechselbare Individuen beschrieben, welche Existenzqualen oder Persönlichkeitskrisen durchleben und sich auf der Suche nach Sinn und ihrer eigenen Identität befinden. Dass der Adoleszenzroman sowohl problemorientiert als auch problemoffen ist, insofern gerade auch das Scheitern der Jugendlichen thematisiert wird, ist eine große Gemeinsamkeit zu dem Poproman der 90er Jahre. In beiden literarischen Formen sind die höchstrangigsten Themen die eigenen Identität, Liebe und Sexualität.

Prominentes Beispiel für einen als Popliteratur wahrgenommenen Adoleszenzroman ist der autobiografische Roman *Crazy* des damals 17-jährigen Benjamin Lebert. Er steht völlig in der Tradition des populären Jugendliteraturgenres der Schul- bzw. Internatserzählung. Die dafür spezifische, genretypische Konstellation unterscheidet sich in keinster Weise von klassischen Vorbildern wie zum Beispiel *Hanni und Nanni* oder neuen, nicht minder populären Beispielen wie *Harry Potter*: Zeitlich und räumlich beschränkt findet die Handlung in diesen und ähnlichen Romanen ausschließlich während der Schulzeit sowie innerhalb oder im Umfeld des Schul- bzw. Internatsgebäudes statt. Die wichtigsten und meist einzigen Bezugspersonen der Protagonisten, welche durch die Trennung von ihrer Familie in hohem Maße auf sich allein gestellt sind, sind die Lehrer, Erzieher und Freunde. Zwischen ihnen entstehen familienähnliche Beziehungen, die die abwesenden Eltern zu einem Teil ersetzen. Dass das Schulleben auch thematisch eine nicht unbedeutende Rolle spielt, liegt nahe, doch neben Unterricht, Hausaufgaben, Mensaessen, der Diskussion über gerechte Notengebung oder der Angst vor bestimmten Lehrern oder dem Sitzenbleiben kommt den außerschulischen Sorgen und Freuden der Heranwachsenden die größte Bedeutung zu. In *Crazy* werden sie aus der Perspektive eines 16-jährigen Jungen exemplarisch beim Namen genannt: Mädchen, Liebe, Sex, das Erwachsenwerden und diese seltsame »Veranstaltung namens Leben« (Crazy: Klappentext). Gleich das erste Gespräch, das der Erzähler Benjamin mit seinem Zimmerkameraden führt, listet die Jugendmagazin-konformen Elemente dieses Standard-Repertoires auf: Zunächst geht es um das Mädchen, in das sich Janosch verliebt hat, und das bald auch Benjamin gefallen wird. Direkt danach wird zum ersten Mal über »Ficken« gesprochen, um dann in Erinnerungen an die Kindheit bzw. in Phantasien über die große Freiheit und eine Flucht aus dem Internat zu schwelgen. Im zweiten Kapitel besuchen alle fünf Freunde eine Sexualpädagogin und setzen sich mit dem Thema Homosexualität auseinander, während Benjamin bereits in seiner zweiten (!) Nacht im Internat nach einem reichlich alkoholisierten Besuch in einem Mädchenzimmer seine Unschuld verliert.

Durch die Begrenzung auf die Entwicklungsphase der Adoleszenz hebt sich der Adoleszenzroman auf der einen Seite vom Bildungsroman, Entwicklungsroman und Erziehungsroman ab, auf der anderen Seite findet sich diese Beschränkung beispielsweise in der problemorientierten Jugendliteratur oder der emanzipatorischen Mädchenliteratur wieder. Von diesen Formen der Jugendliteratur unterschied sich der Adoleszenzroman lange Zeit durch seinen Adressatenbezug: Während Jugendliteratur sich qua nomine an Jugendliche als Leser wendet, galt der Adoleszenzroman bis in die 70er Jahre als intentionale Erwachsenenliteratur. Als frühe Adoleszenzromane lassen sich beispielsweise Goethes *Die Leiden des jungen Werther*, Karl Philipp Moritz' *Anton Reiser*, Robert Musils Internatsroman *Die Verwirrungen des Zöglings Törleß* oder Hermann Hesses *Demian* anführen. In den 50er Jahren sprach Jerome D. Salinger mit *The Catcher in the Rye* in großer Zahl jugendliche Leser an, obwohl das Buch ursprünglich für Erwachsene geschrieben worden war. Und auch bei weiteren Übersetzungen amerikanischer Adoleszenzromane oder entsprechenden Veröffentlichen der 70er Jahre wie zum Beispiel *Die neuen Leiden des jungen W.* von Ulrich Plenzdorf oder Peter Schneiders *Lenz* war das »Revolutionäre«[12], dass diese von deutschen Jugendbuchverlagen publiziert wurden. So erst entwickelte sich der Adoleszenzroman zu einem jugendliterarischen Genre, wodurch Jugendliteratur erstmals auch in Berührung mit den modernen Formen literarischen Erzählens kam und eine auffällige Literarisierung erfuhr. Die Grenzen zwischen Erwachsenen- und Jugendliteratur wurden fließend und der damit verbundene Paradigmenwechsel in der Kinder- und Jugendliteratur brachte neue Gattungen wie eben das problemorientierte Jugendbuch oder die emanzipatorische Mädchenliteratur hervor. Indem sich diese zur selben Zeit immer mehr dem Adoleszenzroman annäherten, entstand ein ganz eigenständiger jugendliterarischer Adoleszenzroman in Deutschland, der sich heute zu einer der bedeutendsten jugendliterarischen Gattungen entwickelt hat.

Doch das klassische Muster des Adoleszenzromans, wie er sich um die Jahrhundertwende herausgebildet hat, wurde in letzter Zeit auch durch andere Aspekte beträchtlich variiert, wie Heinrich Kaulen richtig beschreibt: Die Außenseiter auf der Suche nach sich selbst leben nun in der Großstadtwelt und stammen aus einer »liberalen Verhandlungsfamilie oder auseinander gebrochenen Nach-Scheidungs-Ehe«, in der

Schule treffen sie auf den »neuen Typus des diskursorientierten, lässig-
lockeren Pädagogen«, ihr »Beziehungsverhalten und die sexuellen Kon-
takte [...] unterliegen nicht mehr so enger Kontrolle wie früher, doch
dafür sind jetzt an die Stelle der alten Tabus aufgrund der Vielfalt an
Optionen neue Konkurrenzverhältnisse und oft schwer zu lösende Ent-
scheidungszwänge getreten.«[13] Diese modernen Adoleszenzromane erreichen eine hohe zeitdiagnostische Qualität und decken auch die Kehr-
seiten hinter den liberalen Oberflächen der Gegenwart auf. Sie
funktionieren, und das ist das Besondere, ganz ohne moralisierende Außenperspektive oder pädagogische Meta-Diskurse. Stattdessen untermi-
nieren sie nach Kaulen regelrecht die traditionellen Vorstellungen von
Identitätsfindung, Autonomie und Persönlichkeit.

Dies kann ein weiterer Grund dafür sein, dass Jugendliche immer
mehr zu Lesern von Adoleszenzromanen werden. Es geht ihnen um die
Perspektive, aus der erzählt wird. Um seismografisch den kulturellen
Wandel zu erfassen, verwendet die moderne Kinder- und Jugendliteratur
nicht nur (post-)moderne Darstellungsweisen, sondern insbesondere
Ich- und Innenperspektiven, also die Perspektiven von Kindern und
Jugendlichen, wodurch sowohl auf Kommentare und Wertungen von
Erwachsenenfiguren als auch auf den traditionellen auktorialen Erzähler
verzichtet wird. Eben dies ist auch die typische Erzählsituation der Neu-
en Deutschen Popliteratur, in der kaum Abweichungen von der Ich-Perspektive vorkommen. Nicht nur dass die Protagonisten die Welt, in der
sie leben, allein aus ihrer Sicht wahrnehmen und erzählen und in inneren
Monologen oder Dialogen mit Gleichaltrigen und Freunden reflektieren,
es finden sich in der Regel auch keine Figuren aus anderen Sphären wie
beispielsweise der Erwachsenenwelt oder der Familie, die diese Sicht und
ihre Interpretation relativieren oder ihr etwas entgegensetzen.

Das Ziel dabei ist in erster Linie die Wirklichkeitserkundung. Der
Moment der Authentizität, der Wahrscheinlichkeit und der Wahrheits-
findung gewinnt zeitdiagnostisch immer mehr an Bedeutung, betont
Carsten Gansel, und weist darauf hin, dass auch junge Leser keine
Schwierigkeiten mit angeblich »schweren« (post-)modernen Erzählwei-
sen haben, solange es gelingt, für das durch Medienerfahrungen geprägte
Lebensgefühl der Jungen adäquate literarische Formen zu finden. Er
verweist damit auf einen wichtigen Grund für den großen Erfolg von
Neuer Deutscher Popliteratur insbesondere bei einem jungen Publikum.

In der Kinder- und Jugendliteraturforschung wird diesbezüglich ein
zentrales Dilemma diskutiert: Wie kann es erwachsenen Autoren gelin-

gen, sich von der Erwachsenenrolle zu distanzieren und sowohl auf der Wissensebene als auch auf der Identifikationsebene eine jugendliche Perspektive einzunehmen? Dieses Problem, für eine Altersgruppe schreiben zu müssen, die nicht die eigene ist, haben Popliteraten nicht!

Auf sie trifft die These von Hans Heino Ewers nicht mehr zu, dass Jugendromane primär etwas über die Gesellschaft bzw. Teile von ihr und ihr jeweiliges Verhältnis zur Jugend aussagen, weil sie ja nicht Selbstbekundungen sind, sondern die Verbalisierung eines Lebensgefühls durch erwachsene Autoren. Die Texte der selbst noch jungen Autoren vermitteln vor allem über die Figuren eine vom Leser wahrnehmbare Stimmigkeit, die den Graben zwischen Jugendliteratur und -kultur überwindet.

Die Beschäftigung mit popmoderner Popliteratur als Jugendliteratur wirft eine weitere spezifische Frage auf, mit der sich eine nähere Beschäftigung lohnt: die Frage nach dem Generationskonflikt. Denn die Auseinandersetzung mit den Eltern oder Erwachsenen gilt als einer der wichtigsten Aspekte der Adoleszenz und der Identitätsfindung eines Heranwachsenden, was sich regelmäßig in literarischen Werken widerspiegelt. Dass sich diese Problematik in den letzten Jahrzehnten partiell gewandelt hat, bildet sich auch in der zeitgenössischen Literatur ab.

In der Literatur fungiert der Generationskonflikt seit dem 18. Jahrhundert als entscheidendes Element des Generationsverhältnisses. Jedoch lässt sich beobachten, dass Generationskonflikte in der Neuen Deutschen Popliteratur nur mehr eine marginalisierte bis gar keine Rolle spielen. Was Florian Illies in seiner »Inspektion« der Generation Golf beschreibt (Vgl. Kapitel 5), spiegelt sich auch in anderen fiktionalen Texten dieser Popliteratur wieder: Die jugendlichen Protagonisten von *Soloalbum*, *Faserland* oder *Relax* haben keine offensichtlichen oder ernstzunehmenden Probleme mit ihren Eltern, jedenfalls keine, die im Roman thematisiert würden, selten auch mit anderen Vertretern älterer Generationen. Sie leben autonom ihr eigenes Leben, in das ihnen niemand hineinredet. Die Eltern oder andere Familienangehörige sind in den meisten Fällen abwesend, im Zweifelsfall dienen sie sogar als Vorbilder, ihre Erwähnung findet fast ausnahmslos vor positivem Hintergrund statt.

Besonders auffällig sticht in diesem Zusammenhang wiederum Benjamin Leberts *Crazy* hervor: In ihm sind die Eltern auf Grund seines Aufenthalts im Internat abwesend. Doch anders als in den übrigen erwähnten Beispielen kreisen Benjamins Gedanken häufig um sie, wodurch sein familiärer Hintergrund eine weit größere Bedeutung erlangt, als es sonst für Popromane typisch ist. Die Eltern werden schmerzlich und voller Heimweh vermisst und häufig erinnert. Man erfährt, dass sie »angesehene Leute. Heilpraktikerin und Diplomingenieur« (Crazy: 9) sind, die eine Erwartungshaltung an ihren Sohn herantragen, der er sich nicht immer gewachsen fühlt. Er fürchtet sich vor allem vor der neuen Schule und dem noch unbekannten Leben im Internat und sucht in dieser Situation Schutz und Halt bei seinen Eltern, wobei er ein für einen Sechzehnjährigen erstaunliches Bedürfnis nach körperlicher Nähe an den Tag legt:

> »Neben meinen Eltern nehme ich auf einem rotbraunen Canapé Platz und schmiege mich ungewöhnlich nah an sie heran. So etwas habe ich schon lange nicht mehr gemacht. Doch es tut gut, sie sind warm, und ich fühle mich beschützt. Ich nehme die Hand meiner Mutter.« (Crazy: 10)

In den darauf folgenden Tagen, die er gezwungenermaßen alleine im Internat verbringt, beschäftigt er sich gedanklich oft mit seinen Eltern, die offensichtlich eine Ehekrise durchleben, die den Jungen sehr belastet. Dennoch sieht er beide Elternteile ohne Ausnahme nur im besten Licht: Obwohl er sich mit seinem Vater häufig gestritten habe und ihn nicht immer versteht, so erfährt man, ist dieser in seinen Augen ein »gütiger Kerl« (Crazy: 45), der »nach einem anstrengenden Schultag [...] stets der erste [war], der mich mit einem Lächeln empfing.« (Crazy: 10) Dass sein Vater es gut mit ihm meint, darüber ist sich Benjamin völlig sicher, und nicht allein deshalb, weil dieser die Rolling Stones mag und seinen Sohn auf Konzerte mitnimmt. Die Mutter ist nach Benjamins Aussage stets in Sorge um ihn, was er zusammen mit seiner Behinderung dafür verantwortlich macht, dass er so ein weiches Mutterkind sei:

> »Bei einem normalen Kind ginge das ja noch. Irgendwie könnte es das ausgleichen. Mit Freunden. Mit Alkohol. Mit Spaß. Aber wenn du eh schon behindert bist, ist das schwer. Da neigst du dazu, dich unter dem Rock der Mutter zu verstecken. Ruhen. Atmen. Schlafen.« (Crazy: 52)

Explizit betont der Heranwachsende, wie sehr er seine Eltern und auch die ältere Schwester liebt. Anstatt sich an ihrem Lebensstil zu reiben oder zu rebellieren, sucht er bei ihnen Schutz und Halt, erlebt keine ernstzunehmenden Konflikte mit ihnen und wehrt sich fast schon gegen den natürlichen Abnabelungsprozess, den ein jeder Jugendlicher erlebt.

Konflikte bestehen in der Neuen Deutschen Popliteratur offensichtlich nicht zwischen den Generationen, sie kommen höchstens in Form von Beziehungs- und Geschlechterkonflikten vor, als innere Konflikte oder Auseinandersetzungen mit Gleichaltrigen. Wie lässt sich dieser Wandel begründen?

Klaus-Michael Bogdal erklärt das Ausbleiben eines Konflikts zwischen den Generationen damit, dass die traditionellen Generationsgrenzen durch die kulturelle Differenzierung in voneinander abgegrenzte Jugendkulturen oder Szenen verwischt wurden. Generationen werden häufig nur mehr als verschiedene Milieus wahrgenommen, wobei Jugendlichkeit in allen Generationen zu einem Habitus geworden ist und insofern nicht mehr zur Distinktion taugt. Ähnlich sieht es Dirk Frank: Obwohl Generationskonflikte in der modernen Gesellschaft kaum noch eine Rolle spielen, kommt es zu massiven Abgrenzungsversuchen der jüngeren Altersgruppierungen. Dass immer mehr Generationsetikettierungen erfunden werden (wie beispielsweise Generation Golf, Generation Berlin, Generation @, Generation X, 68er/78er/89er, …) zeigt, dass es keine objektiven Altersgruppendifferenzierungen mehr gibt: In der postindustriellen Gesellschaft haben sich »die Differenzen von der vertikalen Achse sozialer Schichtungen auf die horizontale von Lebensstilgruppen verlagert. […] Die für die Jugend- und Popkultur typischen synchronen Abgrenzungen von Stilen werden zu einem diachronen Prinzip umfunktioniert.«[14] Das entspricht der Eigenlogik von Definitions- und Distinktionsbedürfnissen, denn durch die Pluralität benötigt man Abgrenzungsstrategien, um sich als eine eigenständige Person wahrnehmen zu können.

Literatur

Bogdal, Klaus-Michael: Generationskonflikte in der Literatur. In: Der Deutschunterricht 5/2000, S. 3-12.

Ewers, Hans-Heino: Vom ›guten Jugendbuch‹ zur modernen Jugendliteratur. Jugendliterarische Veränderungen seit den 70er Jahren. In: Jugendsprache – Jugendliteratur – Jugendkultur. Interdisziplinäre Beiträge zu sprachkulturellen Ausdrucksformen Jugendlicher, hg. von Eva Neuland, Frankfurt/Main, 2003, S. 251-260.

Gansel, Carsten: Authentizität – Wirklichkeitserkundung – Wahrheitsfindung. Zu aktuellen Entwicklungslinien in der Literatur für Kinder und junge Erwachsene. In: Ein-Satz. Jugend in Literatur für Jugendliche. Publikation zur Ausstellung in der »Galerie im Stifter-Haus« (22. April bis 5. Juni 1998), hg. von Regina Pintar, Linz, 1998, S. 80-98.

Kaulen, Heinrich: Fun, Coolness und Spaßkultur? Adoleszenzromane der 90er Jahre zwischen Tradition und Postmoderne. In: Deutschunterricht 5/1999, S. 325-336.

Gesellschaftskritik, Political Correctness und der ästhetische Zustand der Politik

- *Für Popliteraten jeder Generation ging und geht es nicht in erster Linie darum, die Welt zu verändern, sondern darum, die Art und Weise zu ändern, in der die Menschen die Welt wahrnehmen. Zentrale Mittel hierfür sind Ironie, Provokation sowie präzise Beobachtungen und Beschreibungen.*
- *Neue Deutsche Popliteratur verhandelt, verarbeitet, reflektiert und transportiert auch die Rolle und Funktion von Politik in der heutigen Gesellschaft.*
- *Diskutiert wird zum einen die Frage nach dem korrekten politischen oder unpolitischen Auftreten sowie zum anderen nach einer ästhetizistischen Betrachtungsweise von Politik.*

Im Nachkriegsdeutschland wurde politisches Engagement immer mehr zu einer wesentlichen Forderung des dichterischen Selbstverständnisses. Allerdings lässt sich im Verhältnis von Kunst und Politik beobachten, dass Politisierung, Entpolitisierung und Re-Politisierung in zyklischen Bewegungen verlaufen: Auf eine starke Politisierung der Literatur wie beispielsweise am Ende der 1960er Jahre wird mit einer Rückkehr zur Introspektive in den 1970ern reagiert. Auf die Friedens- und Umweltschutz-Bewegungen der 80er Jahre, so kann man den Gedanken weiterspinnen, antworten Jugend und Künstler in den 90ern mit Hedonismus und Spaßgesellschaft.

Diese wechselnde Dominanz ist auch im Verhältnis von Pop und Politik zu beobachten, sie erklärt die Differenzierung in Pop I und Pop II. Auch Pop wurde und wird schon immer mit Politik in Verbindung gebracht oder eben in Kontrast dazu gesetzt. Es existiert zum einen die Ansicht, Pop sei völlig von Politik zu trennen, zum anderen ein Popverständnis, in dem Pop als etwas Politisches aufgefasst wird. So wird in ersterem Fall betont, dass Pop erst einmal überhaupt nichts mit Politik zu tun habe, im Gegenteil sofort aufhören würde, Pop zu sein, wenn er sich von Parteien und Ideologien vereinnahmen ließe. Denn die Botschaft des Pop beziehe sich auf Spaß im Hier und Jetzt, Pop zeichne sich gerade durch das Fehlen eines Programms, sozialkritischer oder gar politischer Hintergründe aus. Eine andere Sichtweise setzt Pop quasi gleich mit einer politischen Haltung und meint damit das linksrevolutionäre, subversive Potential, das ihm zugesprochen wird. Pop ist nach dieser Auffassung Rebellion, die aber nicht unter kämpferischen oder kriegerischen Vorzeichen daherkommt, sondern auch und gerade über Kleidung, Musik und Lebensstile. Dieser ›politische‹ Pop wird von dem Poptheoretiker Diedrich Diederichsen als Pop I definiert. Ihm setzt Diederichsen den angeblich unpolitischen, nur mehr warenförmigen und auf Spaß ausgerichteten Pop II entgegen. Während Pop I Merkmale wie Subversion, Widerstand, Artikulation von Minoritäten und ein politisches oder zumindest gesellschaftskritisches Programm zugeordnet werden, charakterisiert man Pop II allgemein als popästhetisches L'art pour l'art, das mit Einverständnis und purer Affirmation den bürgerlichen Mainstream bedient, wodurch Pop II schon per Definition abgewertet wird.

Diese Dichotomisierung von Pop I und II und die Frage nach dem politischen Gehalt von Pop und seiner Kunstformen prägt etliche Herangehensweisen an das Thema Neue Deutsche Popliteratur. Politische Gehaltlosigkeit ist einer der Hauptvorwürfe, die dem sogenannten Spaßgesellschafts-Pop insbesondere der 90er Jahre entgegengebracht wird. An ihm wird nicht selten die angeblich mangelhafte Qualität von Popliteratur festgemacht. Doch ist diese Form der Kritik so alt wie der Pop selbst: Schon der junge Rolf Dieter Brinkmann musste sich zu seiner Zeit von Kollegen wie zum Beispiel Martin Walser genau die selben Vorwürfe anhören, wie sie heute wieder die Kritik bestimmen: Bedürfnislosigkeit, Folgenlosigkeit, politisches Desengagement, Narzissmus und sogar Faschismus. Denn auch Brinkmann lehnte ganz bewusst eine Instrumentalisierung seiner literarischen Werke für politische Zwecke ab. Für Popliteraten jeder Generation sind Ihre Bücher Medien, in denen neue Wahrnehmungs-, Verhaltens- und Denkweisen erprobt werden können, und zwar ohne jeden unmittelbaren politischen Realisierungsdruck. In Umkehrung des berühmten Diktums von Marx ging es schon damals und bis heute in der Popliteratur gar nicht in erster Linie darum, die Welt zu verändern, sondern darum, die Art und Weise zu ändern, in der die Menschen die Welt wahrnehmen. Dabei ist viel Ironie und durchaus Provokation im Spiel: Indem auf der Grundlage von sehr präzisen Beschreibungen der Verhältnisse keine Veränderung gefordert wird, sondern Optionen entwickelt werden, wie man sich (scheinbar zustimmend) innerhalb dieser Bedingungen bewegen kann, wird ein ›richtiges‹ Leben im Falschen und entsprechend der Spielregeln des ›Falschen‹ entworfen, die in diesem Zuge offengelegt werden.

Im Folgenden soll den Fragen nachgegangen werden, welche Rolle und Funktion Politik in der derzeitigen Pop-Gesellschaft ausfüllt, wie die pop-kulturell geprägte, in der popmodernen Popliteratur repräsentierte Jugend zu Politik oder politischem Engagement steht, und wie die Politik bzw. die Stellung der Politik in der heutigen Gesellschaft in der Neuen Deutschen Popliteratur verhandelt, verarbeitet, reflektiert oder transportiert wird.

Fand am Ende der 1960er Jahre noch eine Politisierung des Pop statt, konnte man in den späten 1990er Jahren von einer Popularisierung der Politik sprechen, die mit einer ›Verpoppung‹ der Gesellschaft Hand in Hand ging. Denn je mehr sich Pop der Politik verweigert, desto mehr will Politik wie Pop sein, indem Politiker zum Beispiel die Sprache des Pop benutzen, ihre Medien besetzen und sich wie Popstars inszenieren. Im gleichen Maße wird Politik auch als Pop oder zumindest unter pop- und – damit verbunden – medienästhetischen Gesichtspunkten wahrgenommen.

Wenn sich Florian Illies beispielsweise über diverse Missgeschicke des ehemaligen deutschen Verteidigungsministers Rudolf Scharping amüsiert, fällt es ihm nicht schwer, das alles als »große deutsche Fernsehunterhaltung« zu bezeichnen:

> »Und weil wir uns darüber amüsierten, dachten wir fast schon, wir würden uns für Politik interessieren. Doch dann haben uns grimmige Feuilletonisten darüber aufgeklärt, dass dies alles nur Exzesse der Spaßgesellschaft seien.« (Generation Golf II: 97)

Zu den Phänomenen besagter Spaßgesellschaft gehört das Verschwimmen der Grenzen zwischen Politik und Popkultur, zu beobachten beispielsweise an der Entwicklung der Fernsehunterhaltung:

> »Damals [während Illies' Kindheit] gab es Wim Thoelke im Fernsehen und in Möbelhäusern. Und Helmut Kohl im Kanzleramt. Unterhaltung war Unterhaltung, und Politik war Politik.« (Generation Golf II: 98)

»Helmut Kohl wäre zu ›Wetten Dass ...?‹ niemals hingegangen«, erkennt auch Benjamin von Stuckrad-Barre ganz klar (Tristesse Royale: 109) – Gerhard Schröder aber schon. Komisch war daran nicht so sehr die Tatsache, dass er die Samstagabend-Show besuchte, sondern, »dass er da so gut hinpasst«, findet Illies (Generation Golf II: 98). Dort ließ er sich sogar mit der gänzlich unpolitischen Frage, ob er seine Haare färbe, konfrontieren, und setzte sich damit »endlich ins Herz der Menschen.« (Tristesse Royale: 109) Gleichzeitig kann man das gefärbte Haar auch als »Medientrick« (Tristesse Royale: 109) verstehen, mit dem es gelingt, »von politischen Themen abzulenken und die Menschen mit der Frage zu narkotisieren, ob er für seine Kaschmir-Fotostrecken in der unfaßbaren Zeitschrift In-Style Geld bekommt.« (Tristesse Royale: 109 f.) Es zeigt sich ganz offensichtlich ein Paradigmenwechsel in der öffentlichen Repräsentation von Politik:

> »Professionell ist inzwischen offenbar nur, wer zwischen Show und Politik behände wechseln kann und damit zeigt, dass er sich jederzeit seiner Rolle bewusst ist, ob im Kanzleramt, bei Thomas Gottschalk oder im Modemagazin. [...] Erst mit Schröder ist die deutsche Politik wirklich gottschalkkompatibel geworden.« (Generation Golf II: 99)

Diese Entwicklung macht Illies für den schwindenden Respekt vor Politik verantwortlich:

> »So ging es los. Und so ist es dann auch weitergegangen. Und da wundert sich noch jemand, warum wir uns nicht mehr so richtig für Politik interessieren.« (Generation Golf II: 100)

Dies ist jedoch nur eine mögliche Antwort auf die Frage, woher die »Gleichgültigkeit [...] gegen Theoriegebäude jeder Art« (Generation Golf: 19 f.) kommt, die Florian Illies der Generation Golf genauso attestiert wie Goebel und Clermont in ihrer *Tugend der Orientierungslosigkeit* den sogenannten Lebensästheten. Eine andere Begründung ließe sich in der bewussten Distanzierung von der Vorgängergeneration finden, welche bei Illies wahlweise aus »Liegeradfahrer[n], Zigarettenselbstdreher[n] und Feministinnen« (Generation Golf: 164) besteht, sowie in einer Abrechnung mit deren »Latzhosenmoral« (Generation Golf: 155). Doch was ist der Grund für diesen Gegenkurs?

Die Antwort geben die Popliteraten selbst: Zum einen gibt es den natürlichen Drang der Heranwachsenden, nicht alles so zu machen, wie es die Eltern taten oder gut fänden. Wie im vorhergehenden Kapitel schon ausgeführt wurde, spielt dabei in der Neuen Deutschen Popliteratur der Generationskonflikt aber eine untergeordnete Rolle und löst sich eher in Milieurivalitäten auf. Zum anderen ist aber auch alles, wofür damals auf die Straße gegangen wurde, heute eine Selbstverständlichkeit. »Das, was früher Protestkultur war, ist längst Mainstream geworden« (Generation Golf II: 210) und neue Ziele sind scheinbar schwer auszumachen:

»Demonstrieren, schön und gut. Wenn das mal so einfach wäre. [...]
Gegen Atomkraft wollen wir nicht demonstrieren, weil wir wissen,
dass wir ansonsten Strom aus den kaputten Anlagen im Ostblock
kaufen müssen. Außerdem haben das schon unsere Eltern gemacht.
Das wäre langweilig. Wir hätten gern etwas Eigenes. Und zwar kein
Jodeldiplom, sondern ein wirkliches Demonstrationsziel. Denn das,
wogegen Ute und Heinz demonstrierten, ist entweder dennoch oder
ohnehin nicht eingetreten.« (Generation Golf II: 221 f.)

Durch das unerschütterliche und zur Schau getragene Verständnis der
Eltern- und Lehrergeneration wird zudem der Widerspruchsgeist vollständig entmutigt, erklärt Illies:

»Der Generationenkonflikt, so dachte ich früher, fällt wahrscheinlich
aus. Weil wir dafür wegen unseres vollen Terminkalenders einfach keine
Zeit mehr finden. Weil er viel zu anstrengend wäre. Und eigentlich völlig überflüssig. Haben wir uns deshalb immer so artig mit allem arran-
giert? Nein. Eher wohl, weil wir so naiv daran glaubten, wir würden auch
so bekommen, was wir wollen [...] Und zum anderen, und das ist wahrscheinlich die traurigste Antwort, hätten wir dafür erst einmal wissen
müssen, was wir eigentlich wollen. Wir lebten fast dreißig Jahre lang nett,
dank der Gnade der sehr späten Geburt, und mussten uns keine Gedanken darüber machen. Für uns gab es eigentlich keine Widerstände mehr,
gegen die wir hätten anrennen müssen [...] Und unsere Eltern hatten
ohnehin für alles Verständnis.« (Generation Golf II: 207 f.)

Nicht nur das stört die ›Generation Golf‹, sie leidet auch darunter, dass
die Eltern ihnen besserwisserisch immer in allem voraus sind:

»Und selbst zu unsren Demos gegen eine falsche Schulpolitik gingen
unsere Eltern mit auf die Straße, wahrscheinlich um uns zu zeigen,
wie man so etwas richtig macht. [...] Weil unsere Eltern so sehr ge-
litten hatten unter der prüden Strenge ihrer Eltern, luden sie uns
dazu ein, unsere Freundin über Nacht mitzubringen, noch bevor wir
selbst wussten, was für Unterwäsche sie trug.« (Generation Golf II:
209)

Als einzige Protestform gegen all das Verständnis scheint in einer solchen
Situation nur mehr der »Rückzug ins Konservative« geeignet zu sein
(Generation Golf II: 24). Daraus entsteht das Phänomen der jugend-
lichen »Neocons«[15], das Gerhard Matzig zum einen als Antwort auf die
unsicheren Verhältnisse und einen allgemeinen Neo-Biedermeierstil der
Gesellschaft erklärt, zum anderen aber auch als Resultat der üblichen

Abgrenzungsstrategien zwischen den Generationen. Neokonservativismus ist nun nicht zufällig einer der Hauptkritikpunkte, mit denen Popliteraten tituliert werden. Denn es ist ein »allgemein akzeptierter Zustand, daß es keinen Spaß mehr macht zu rebellieren, weil die Rebellion schon ein Teil des Systems ist«, erkennt in *Tristesse Royale* Alexander von Schönburg (Tristesse Royale: 119). Die Rebellion gegen die Rebellion wäre eine letzte mögliche Reaktion und deswegen kann Benjamin von Stuckrad-Barre diese Überlegung zuspitzen, indem er mutmaßt, dass nach dem Bruch aller Tabus nur mehr reaktionäres Verhalten ein letztes Tabu zu sein scheint.

Die fünf Jungliteraten von *Tristesse Royale* stellen sich intensiv die Frage nach einem politischen oder unpolitischen Auftreten sowie nach dem ästhetischen Zustand von Politik. Im Kapitel »Unter den Linden« (Tristesse Royale: 92 f.) verlaufen sie sich bei einem kurzen Spaziergang in eine Demonstration, welche sie unter rein ästhetischen Gesichtspunkten wahrnehmen und sich dabei über die dilettantische Inszenierung der Veranstaltung lustig machen. Ihr Augenmerk liegt vor allem auf dem Erscheinungsbild der Demonstration und ihrer TeilnehmerInnen, das sich durch »das Erbe des vom Tempo der 80er Jahre ausgerufenen ›Anything goes‹« (Tristesse Royale: 96) verändert habe: »Warum müssen die Menschen auf Demonstrationen immer so aussehen, wie sie heute wieder aussahen?«, fragt Joachim Bessing die Runde, woraufhin zunächst auf einige hübsche Demonstrantinnen in »Spaghetti-Träger-Kleidern von Donna Karan« hingewiesen wird (Tristesse Royale: 95). Doch insgesamt ist man sich einig, dass sich »Hausbesetzer, Friedensbewegte und so weiter« eher schlecht anziehen und »die alte Ästhetik der Demonstration, wo man gutfrisierte Männer in Anzügen oder guten Jeansjacken sah, die, fotografiert von William Klein, bei den Mai-Unruhen in Paris mit Steinen warfen«, verschwunden sei (Tristesse Royale: 95). Eckhart Nickel erinnert sich an die Demonstrationen der 80er Jahre in Frankfurt, bei denen der »Einheits-Demonstranten-Chic« entstand, für den das Palästinenser-Tuch stilprägend war, und beklagt die heutige »formlose Buntheit« der alternativen Szene. (Tristesse Royale: 96) Auch abgesehen von dem spezifischen Style werden Demonstrationen »als das Unpolitischste überhaupt erlebt« (Tristesse Royale: 96):

> »Ich empfand es aber immer als lustig, daß alle Demonstranten stets das Gefühl hatten, sie handelten gerade politisch und seien deshalb wehrhafte Demokraten. Dabei waren die Demonstrationen der achtziger und neunziger Jahre nichts weiter als Klassenfahrten.« (Tristesse Royale: 95)

Eine Empfindung, die Florian Illies mit Blick auf die ›Generation Golf-krieg‹ teilt:

> »Wir [...] waren uns noch nicht ganz sicher, was am Ende den Aus-schlag zum Demonstrieren gegeben hatte: der Weltfrieden (was wir bewundert hätten) oder Matheschwänzen (was wir verstanden hät-ten).« (Generation Golf II: 231)

Im Gegensatz dazu, so ist man sich sicher, hatten Demonstrationen um 1968 noch etwas zu bedeuten – waren aber vor allem auch damals schon »Bestandteil des Lifestyles.« (Tristesse Royale: 97) Insofern ist die poli-tische Entfremdung des »postideologischen Zeitalters‹ größtenteils äs-thetisch begründet.

Auch in Christian Krachts Roman *Faserland* stellt sich im Zusammen-hang mit politischen Einstellungen die Frage, ob es dabei tatsächlich um Politik gehe oder nur um Ästhetizismus: Der Ich-Erzähler begründet sei-ne Ablehnung einer als linke Intellektuelle beschriebenen Bekannten und ihrer Freunde nämlich nicht nur mit der Aussage, dass sie nichts zu sagen und nur blöde Ideen hätten, sondern auch, dass sie schlecht angezogen seien, während er »rahmengenähte Schuhe trage« (Faserland: 72) und es ungehörig findet, auf einer grünen Barbourjacke einen Eintracht-Frank-furt-Aufnäher anzubringen oder mit fettigen, schulterlangen Haaren her-umzulaufen. Selbst der Faschismus zeigt sich in *Faserland* in erster Linie als ein ästhetischer Zustand. Dieses Argument lässt sich nicht nur mit dem Hinweis auf den unvermeidlich zur Sprache kommenden Riefenstahl-Mythos und einer pauschalisierenden Gleichsetzung des Stiles von Ernst Jünger und – ausgerechnet – Hermann Hesse belegen, es wird besonders deutlich in einer Bemerkung gegen Ende des Romans:

> »Von den Deutschen würde ich erzählen, von den Nationalsozialisten mit ihren *sauber ausrasierten Nacken*, von den Raketen-Konstruk-teuren, die Füllfederhalter in der Brusttasche ihrer *weißen Kittel* ste-cken haben, fein aufgereiht. Ich würde erzählen von den Selektierern an der Rampe, von den Geschäftsleuten mit ihren *schlecht sitzenden Anzügen*, von den Gewerkschaftern, die immer SPD wählen, als ob wirklich etwas davon abhinge, und von den Autonomen, mit ihren Volxküchen und ihrer Abneigung gegen Trinkgeld.« (Faserland: 153; Hervorhebungen U.P.)

Unter einem solchen Blickwinkel wird auf den Faschismus nicht mit Engagement, sondern mit Abscheu reagiert. Eine solche Haltung wie-derum löst verständlicherweise die Abscheu der allgegenwärtigen 68er-

Gemeinschaftskundelehrer aus, denen in *Tristesse Royale* zudem die Verantwortung für die politische Entfremdung der nachfolgenden Generation zugeschrieben wird:

> »Mein Lehrer [...] schaffte es, daß durch seinen Unterricht die Politisierung für mich bedeutete, von Politisierung an sich und in jeder Form abgeschreckt zu sein. Meine Versuche, an den Debatten in anderer Art teilzunehmen, stießen bei ihm auf völliges Unverständnis. Er bezeichnete mich liebevoll-angeekelt als apolitisch-konservativen Betrifft-mich-nicht-Wicht.« (Tristesse Royale: 100 f.)

Von einer solchen Gemeinschaftskundelehrerin spricht auch Florian Illies, wenn er erläutert, warum die ›Generation Golf‹ »in Sachen Nationalgefühl einen Knacks weg« hat (Generation Golf II: 109). Denn diese Lehrerin, so vermutet er, hätte ihn wohl für rechtsradikal gehalten, wenn er ihr von den unterdrückten Tränen der Ergriffenheit beim legendären Besuch des damaligen Außenministers Genscher in Prag erzählt hätte.

> »Das Verhältnis unserer Generation zur Geschichte allgemein und zum Holocaust ist dermaßen Roman-Herzoghaft unverkrampft, daß Kritiker dahinter Geschichtsvergessenheit vermuten, Ignoranz und Schlimmeres.« (Generation Golf: 174)

Doch kann weder von Geschichtsvergessenheit noch Ignoranz die Rede sein. Während die »Generation der Gemeinschaftskundelehrer« noch massiv gegen das Schweigen und den Widerstand ihrer Eltern in Form eines ausgeprägten Faschismusdiskurses angehen musste, wurde die ›Generation Golf‹ ganz im Gegensatz dazu mit dem Thema Nationalsozialismus geradezu überschwemmt und sieht nun einfach keinen Redebedarf mehr. Stattdessen kann sie sehr gut nachvollziehen, was Martin Walser mit der »Dauerrepräsentation unserer Schande« meint und empfindet es deshalb als Freiheit, »in bezug auf die Nazi-Zeit den erhobenen Zeigefinger nicht mehr zu akzeptieren« (Generation Golf: 175) und wieder über Harald Schmidts Polenwitze lachen zu können, »ohne gleich an den Polenfeldzug 1939 denken zu müssen« (Generation Golf: 180).

  Das Problem der Political Correctness ist das Hauptthema in der 2001 von Illies herausgebrachten *Anleitung zum Unschuldigsein*, dem »Übungsbuch für ein schlechtes Gewissen«, das dem berühmten Bestseller von Paul Watzlawick *Anleitung zum Unglücklichsein* nachempfunden ist. Hier spricht Illies von dem »sonderbaren Gedankengebäude« (Unschuldigsein: 105) der ›Generation Golf‹, die sich angesichts des Fehlens einer verbindlichen Moral und objektiven Maßstäben selbst Kriterien für gut und schlecht zurechtlegt und sich ständig schuldig fühlen will (oder soll), ohne ganz genau den Grund dafür zu kennen. In den Kapiteln des Buches werden alle moralischen und politischen Unkorrektheiten abgehandelt, die zur gesellschaftlichen Ächtung führen können – und die in vielen Fällen offensichtlich ein typisch deutsches Problem sind. Illies unterstellt den Deutschen nämlich nicht nur eine »umweltzerstörend[e] Erbschuld« (Unschuldigsein: 25), sondern zudem ein »kollextives deutsches Basisschuldgefüh[l], das unser Leben lang unser aller treuer Begleiter sein wird« (Unschuldigsein: 26), und das sich eben nicht nur auf das schlechte Gewissen bei ungesunder Ernährung oder dem Nichtbeachten der Mülltrennung äußert, sondern beispielsweise auch darin, die ehemals deutschen, nun aber polnischen und tschechischen Orte mit ihren neuen Namen zu versehen, anstatt ihre alten deutschen auszusprechen. Des Deutschen größte Sorge, so der Tenor dieser Beispiele, ist immer, dass »irgendjemand vergisst, was im Dritten Reich unbestreitbar Schreckliches geschehen ist« (Unschuldigsein: 106). Deswegen gibt es laut Illies Nachgeborene, »die ein schlechtes Gewissen dafür haten, dass ihre Eltern oder Großeltern kein schlechtes Gewissen dafür haben, was im Dritten Reich geschah.« (Unschuldigsein: 167). Noch heute also trauen sich die Deutschen grundsätzlich alles Schreckliche zu:

> »Unser Schuldbewusstsein ist so groß, unsere Sehnsucht, uns ständig Asche aufs Haupt zu streuen, so masochistisch riesig, dass wir uns immer sofort für schuldig erklären, wenn etwas Fremdenfeindliches geschehen ist, niemals wieder soll uns vorgeworfen werden, wir schauten weg und hätten unsere Lektion nicht gelernt. Deshalb nun schauen wir immer hin.« (Unschuldigsein: 107)

Im Zuge dieser Wachsamkeit wurden auch all jene Dinge »mit einem merkwürdigen Fluidum« umgeben, »die von den Nazis einmal gemocht wurden« (Unschuldigsein: 107). Deswegen muss sich doppelt und dreifach rechtfertigen, wer Richard Wagner oder Caspar David Friedrich mag. Doch selbst umgekehrt funktioniert der Mecharismus:

> »Aus diesem Terror des guten Gewissens entstand ein verquerter Kulturkanon, in dem Werke von Künstlern, die von Nazis verfolgt oder geächtet wurden, automatisch als künstlerisch wertvoll galten.« (Unschuldigsein: 108)

Der Selbsthass der Deutschen ist für Illies der »vielleicht bemerkens-
werteste genetische Defekt im deutschen Erbgut« (Unschuldigsein: 109).
Er führt zu der Wahrnehmung und dem Glauben, dass jede ausländische
Lebensart der angeblich kleinbürgerlichen deutschen Spießigkeit mit
ihren strengen gesellschaftlichen Zwängen vorzuziehen sei. So lässt sich
auch die »deutsche Sehnsucht, undeutsch zu wirken« (Unschuldigsein:
113) erklären, also die Freude, sich im Ausland aufzuhalten, ohne für
einen Deutschen gehalten zu werden. Dass diese Sehnsucht und das
krampfhafte Verleugnen der eigenen Nationalität bisweilen absurde Blü-
ten treibt, beschreibt Illies anhand vieler alltags- bzw. urlaubspraktischer
Beispiele anschaulich – bis dem Ich-Erzähler gemeinsam mit dem Leser
klar wird, dass sich einfach »die Verbindung zwischen Holocaust und
Zweitem Weltkrieg und der daraus resultierenden Scham über die Herr-
schaft Bayern Münchens über den Fußball Europas nicht mehr logisch
einwandfrei herstellen« lässt (Unschuldigsein: 117).

Literatur

Diederichsen, Diedrich: Ist was Pop? [1997] In: Diederichsen, Diedrich: Der
    lange Weg nach Mitte. Der Sound und die Stadt, Köln, 1999, S. 272-286.
Pop & Politik. Spiegel spezial 2/1994.

Alltag und Zeitgeschichte im Funktions- und Speichergedächtnis

- *In der Neuen Deutschen Popliteratur werden die ins Speichergedächtnis verbannten Kindheitserinnerungen an die 70er Jahre als geteilter Horizont einer Generation wieder entdeckt und literarisch funktionalisiert.*
- *Die literarische Arbeit am Archiv schließt auch das Dritte Reich als mögliches Thema der Popliteratur nicht aus, allerdings wird es als oft familiär verortetes Ereignis des Funktionsgedächtnisses behandelt und damit auf eine Stufe mit anderen Erinnerungsinhalten gestellt.*
- *Durch ihre schonungslose Beobachtung des Banalen rettet die Popliteratur den Alltag gegenüber einem übertriebenen Pathos der Erinnerungskultur.*

Wie konstituiert sich eine Generation? Indem sie sich erkennbar von der vorhergehenden abgrenzt. Als einen Ansatzpunkt für die dazu notwendigen Strategien der Unterscheidung wählt die Neue Deutsche Popliteratur die gemeinsame Kindheit in den 70er Jahren. Wie breit diese nostalgische Diskussion (auch ermöglicht durch das Medium Internet) geführt wurde, soll durch ein kurzes Zitat aus einem Chatprotokoll demonstriert werden, das 1999 in Buchform unter dem Titel *Wickie, Slime und Paiper* publiziert wurde:

> »›*Elli*‹ *writes:* Das gibt es jetzt wieder, glaub ich! Was aber leider nur kurz am Markt war: Draculino, (dunkelrot-weißes Fruchteis), Blauer Riese und Grünofant, ein Waldmeister-Vanille-Eis! Und niemand kann sich daran erinnern!
> ›*Doris*‹ *writes:* Nein, du warst nicht allein, ich hab das auch genossen!«[16]

Doris gelingt es hier, den emotionalen Kern des Erinnerungsgesprächs in einem Satz zu pointieren: ›Du bist nicht allein!‹ Nicht nur im Online-

Chat, sondern auch in der Rezeption der Popliteratur wird dieser Diskurs über die 70er Jahre getragen vom erstaunten Wiedererkennen einer Detailerinnerung in der Erzählung der anderen. Erlebnisse, die man für privat und individuell gehalten hatte, offenbaren sich als kollektiv geteilte Erfahrung. Dabei handelt es sich allerdings nicht um die Rekonstruktionen einer tiefen Innerlichkeit, sondern um die Oberflächeneffekte einer industriellen Massenproduktion, die homogene Geschmacks- und Konsumwelten erzeugt hat. Gleichzeitig ist die Beschleunigung der Warenzirkulation dieser Produktionsform dafür verantwortlich, dass eine nachträgliche Selbstvergewisserung über die eigene Kindheit notwendig wird. Aus diesem Grunde lösen die gemeinsamen Gespräche über diese vergangenen Alltäglichkeiten bei den Beteiligten eine starke nostalgische Faszination aus. Im privaten Gespräch über die Kindheitserlebnisse ist es gerade die heute erkennbare Nichtigkeit der erinnerten Objekte und Wünsche, die in der Retrospektive ein fröhliches Fest des Wiedersehens mit längst vergessenen Wichtigkeiten ermöglicht.

Gerade auch die Popliteratur leistet einen wichtigen Beitrag zur sozial notwendigen Ausdifferenzierung zwischen den Generationen. Diesen sozial-kulturellen Hintergrund eines generationentypischen Austauschs über die geteilten ›Mikro-Erinnerungen‹ muss man beachten, um die 1995 publizierte Kindheitserinnerung Christian Krachts goutieren zu können:

> »[…] wir kamen gut miteinander aus, vor allem, weil Henning ein Fahrrad mit Bananensitz hatte und wir immer zu zweit mit dem Ding zum Kiosk gefahren sind und Grünofant gekauft haben. Na ja, eigentlich war das ja so, daß er sich nur Berry leisten konnte, und ich, da ich natürlich immer mehr Geld hatte, habe uns dann immer Grünofant gekauft. [...] Wir haben danach noch ein paarmal Eis gegessen am Kiosk, aber irgendwie war die Luft raus. [...] Heute glaube ich, daß es daran lag, daß er immer nur Berry hat kaufen können und ich immer Grünofant.« (Faserland: 82)

Hier stellt Literatur eine komplexere Lektüre-Varianten des Gedächtnis-Materials zur Verfügung, als dies dem kollektiven Schreiben möglich ist, indem sie am Beispiel ›Grünofant vs. Berry‹ die Mechanismen sozialer Distinktion vermittels der unterschiedlichen Preisklassen von Eissorten in Relation zur Höhe des eigenen Taschengeldes wieder einblendet. Hier beobachtet die Popliteratur den brutalen Zugriff kapitalistischer Marktmechanismen auf eine Kinderfreundschaft, was die rein nostalgischen Netzplaudereien völlig ausgeblendet hatten. Es ist aber erst dieser avanciertere Diskurs, durch den es gelingen kann, die Themen und Leitmotive einer Generation gegen den Widerstand der bisherigen Deutungsmacht durchzusetzen.

Um solche generations-zyklischen Auseinandersetzungen um die zu erinnernde Vergangenheit genauer beschreiben zu können, sollen hier die Begriffe ›Funktions- und Speichergedächtnis‹ eingeführt werden. Dieses von Aleida und Jan Assmann geprägte Konzept ermöglicht wichtige analytische Unterscheidungen bezüglich der Relevanz des Erinnerten. Ein Vergleich mit dem Unterschied von Bibliothek und Archiv illustriert die hier gemeinte Differenzierungsmöglichkeit: Das Funktionsgedächtnis/die Bibliothek wird vorgestellt als ein geordneter, erschlossener und regelmäßig besuchter Raum des Erinnerns. Gruppe und Individuum können sich hier in ihrer Kommunikation koordinieren, können abstimmen, was als identitätsstiftend und diskutierbar zu gelten hat. Mit ›Funktionsgedächtnis‹ wird also die bewohnte Vergangenheit einer Gruppe bezeichnet, die es ihr erst ermöglicht, sich selbst als das ›Eigene‹ wahrzunehmen.

Aber damit dieser zentrale Mechanismus der Identitätsstiftung funktionieren kann, muss eine größere Menge an Alternativen zur Verfügung stehen, die eben gerade nicht gewählt wurden. Erst in der Abgrenzung zu diesem ›Fremden‹ kann das Eigene der Gruppe entstehen. Die soziale Funktion des Archivs/des Speichergedächtnisses besteht darin, diesen Vorrat an ablehnbaren Alternativen bereitzustellen. Mit ›Speichergedächtnis‹ wird die Gesamtheit aller vorhandenen Erinnerungen einer Gruppe bezeichnet, die in den individuellen wie kollektiven Speichern hinterlegt sind. Eine Vergangenheit, die aus dem Speichergedächtnis gelöscht wurde, ist damit tatsächlich unwiederbringlich vergessen. Dagegen ist alles, was (und sei es noch so versteckt) im Speichergedächtnis aufbewahrt ist, wiederentdeckbar und kann ins Funktionsgedächtnis rücküberführt werden: eine Inschrift auf einer Tontafel in einem verschütteten Grab in Ägypten, der Kaufvertrag eines Gebäudes in einem Grundbuchamt, die Kopie einer E-Mail im Speicher eines Servers ebenso wie ein im Vorgarten vergrabenes Exemplar von *Mein Kampf.*

Kulturell interessant sind nun insbesondere die Auseinandersetzungen um den Transfer zwischen Funktions- und Speichergedächtnis: Es geht dabei – metaphorisch gesprochen – um die Frage, welche Bücher für jeden zugänglich im Regal stehen und was in Kisten in den Keller verbannt wird. In den Zeiten eines Generationenwechsels werden diese Diskussionen besonders intensiv geführt, da sich die kulturelle Deutungshoheit und soziale Durchsetzungsfähigkeit einer Gruppe primär daran ablesen lässt, ob sie in der Lage war, das Funktionsgedächtnis zu prägen. In der Geschichte der BRD und der DDR war es unter den unterschiedlichsten Vorzeichen der Rekurs auf den Holocaust, den Zweiten Weltkrieg und den Nationalsozialismus, der die kulturellen Ordnungsschemata bestimmte. Was sich auf das Dritte Reich beziehen ließ, konnte nicht so leicht ins Archiv abgeschoben werden. Und insbesondere das System der Kunst/Literatur hat sich dieser Relevanzzuschreibung ausgiebig bedient und das eigene Handeln stets als ein Handeln ›Nach-Auschwitz‹ reflektiert und dargestellt. Zugleich wurde das Präsenthalten der deutschen Schuld angesichts einer als ungenügend empfundenen gesamtgesellschaftlichen Auseinandersetzung als Aufgabe der Kulturschaffenden begriffen. Seit den 90er Jahren werden allerdings die rituell überdeterminierten Formen eines universalisierten Bezugnehmens auf das Dritte Reich von einer nachfolgenden Literaten-Generation zunehmend auch als ein soziales Machtinstrument wahrgenommen und beschrieben. Der Verdacht lautet: Um die eigene Deutungshoheit zu sichern, würden bestimmte Formen des Gedenkens als verpflichtend eingeführt, wobei die selben Personen die hierzu notwendigen symbolischen Räume besetzt halten, die alternativlos auf ihrer Einhaltung bestehen und jede Abweichung als politisch verdächtig brandmarken.

Die Neue Deutsche Popliteratur glaubt nun aber, eine interessante Möglichkeit gefunden zu haben, sich der diskursiven Falle des Faschismus-Vorwurfs zu entziehen: Und dieser Weg führt die Literatur ins kulturelle Archiv des Speichergedächtnisses, aus dem die Autoren und Autorinnen längst vergessen geglaubte Erlebnisse aus ihrer eigenen Kindheit und Jugend berichten. Und zwar aus der Zeit der 70er Jahre, die aus der kindlichen Perspektive so offensichtlich von gesellschaftlicher Sicherheit und Stabilität (bei gleichzeitiger Abwesenheit jeglichen materiellen Mangels) geprägt waren, dass eine Forderung nach mehr politischer Relevanz, zum Beispiel durch die Bezugnahme auf die deutsche Vergangenheit, im Sinne eines authentischen Berichtens zurückweisbar wird.

Vor diesem Hintergrund kann Andreas Mand 1990 in *Grovers Erfindung* (s)eine Erinnerung an Kindheit (re-)konstruieren, die sich den damals wichtigen oder beeindruckenden Dingen widmet: ›An der Haltestelle‹, ›Der Radweg zur Schule‹, ›Neben wem man sitzt‹, ›Große Pause‹, ›Das Helfen‹, ›Die Frau die bei uns putzt‹ oder ›Das Taschengeld‹ – so lauten einige Kapitelüberschriften, die das Universum des kindlichen Erzählers umreißen. Was es bei diesen Handlungskomplexen zu beachten gibt, was einem Elfjährigen daran wichtig ist, wird mit der altklugen Selbstsicherheit eines Jungen berichtet, der ›seine‹ Welt souverän beherrscht:

»DAS TURNEN – Zur Turnhalle und zum Schwimmbad müssen sich alle Mann in Zweierreihen aufstellen. Wer sein Fahrrad bei hat, muß schieben. Viele stehen insgeheim auf der untersten Pedale und stoßen sich mit dem Fuß ab. Falls sie nicht auf der Männerstange sitzen. Bis sie eines Tages erwischt werden! Na, das ist auch nicht schlimm. Es ist sowieso Schikane, daß man immer schieben soll. Die Räder braucht man, weil Schwimmen in der letzten ist. Wenn man nicht pariert, darf man sie zur Schikane zurückschieben. Die Lehrer gehen auf der Straße vor und halten die ankommenden Autos mit ihren Händen auf. Wenn die Ampel auf Rot springt, muß die vordere Hälfte auf die hintere Hälfte warten.

Wenn kaputtes Glas auf dem Weg liegt, wird es nach hinten durchgesagt: ›Achtung, kaputtes Glas! Weitergeben!‹ Ich bin nicht in Gefahr, ich passe meistens auf, schließlich habe ich keine Lust, in Hundescheiße zu treten. Wenn ich aus Versehen doch reingetreten habe, versuche ich, daß ich es im Gehen abschlurfe. Die anderen lachen vor Schadenfreude. Am besten kriegt man es im Gras ab. Zur Not muß man ihre Stufen nehmen. Gut ist es im Tunnel, wo es ein verbotenes Echo ergibt.« (Grover: 39)

Dieser Ausschnitt zeigt in typischer Weise den Duktus und die Erzählsituation des Textes: Auffällig ist zunächst die einfache Sprache des Berichts, die dem stilistischen Niveau des elfjährigen Andreas durchaus entsprechen könnte. Zu beobachten sind schon im ersten Absatz: Schuljargon (»alle Mann«), Regionalismen (»sein Fahrrad bei hat«), ein schiefer Superlativ (»untersten« statt »unteren«), eine Wiederholung (»Schikane« – »Schikane«), schulaufsatztypische Wendungen (»Bis sie eines Tage erwischt werden!«) und der dazu ›passende‹ Abtönungspartikel (»Na ...«). Damit ist diese Passage allerdings auf der formalen Ebene in höchste Übereinstimmung mit dem Inhalt gebracht: Die Genauigkeit, mit der hier ein spezifisches Ritual des Schulalltags in seinen Regelungen präsentiert wird, bedarf einer größtmöglichen Nähe der berichtenden Instanz zu ihrem Gegenstand, um ästhetisch glaubwürdig zu sein. Das Publikum konstruiert aus dem Bericht einen impliziten Autor, der dies selbst erlebt haben muss – also einmal dieser Schuljunge war. Hier wird etwas berichtet, was zuvor nicht als berichtenswert erschienen war. Und dies mit einer Genauigkeit in den Details, dass sich der Text einen lebensweltlich gleichgerichteten impliziten Leser erschaffen muss, um sich zu legitimieren.

Dabei wird aber nicht die Spiegelungssituation der schreibenden Selbstvergewisserung gewählt. Der primäre Leser des Textes ist gerade nicht der Erzähler selbst, der sich seine Welt schriftlich ausdeutet – er hat das gar nicht nötig, weshalb ihn das Projekt auch schnell langweilt. Sein Versuch ein Tagebuch zu führen, scheitert daran, dass es »so viele Tage dazwischen [gibt], wo überhaupt nichts Richtiges passiert. Eigentlich die meisten. Und dann, daß es so doof ist, wenn man es noch mal liest.« (Grover: 166) Der Erzähler Andreas stört sich also an der verschriftlichten Version seines Alltags, da diese ganz offenbar nicht seiner Erwartungshaltung an Ereignisreichtum entspricht, der durch seine sonstige Lektüre geweckt wurde. Erst mit Hilfe seiner Erzählungen um die fiktiven Helden »Grover und Roy« (Grover: 164) ist er in der Lage, diesen Mangel zu kompensieren. Stil und Inhalt sind auf der Basis der auch im realen Roman abgedruckten und damit wieder ins Funktionsgedächtnis eingeschriebenen Sammelbilder etwa aus *Australien. Jims Abenteuer im Land der trockenen Flüsse* (der ›Deutschen Margarine Union‹, wie der Abbildungsnachweis anführt) für den realen Leser leicht zu ergänzen.

> »Vor der Ampel kommt es darauf an, daß man so lange wie möglich in der Luft bleibt. [...] Kannst du mit dem Fuß während des Fahrens den Dynamo einschalten? Ich ja.« (Grover: 14)
> Oder: »Soll ich Dir mein Rezept verraten, das beste Rezept für Gutwerden ist auf jeden Fall mitmachen. Ich melde mich immer sofort.« (Grover: 19)

An Stellen wie diesen wird der implizite Leser direkt angesprochen und geduzt, er bleibt aber auch im restlichen Text dauerhaft als angesprochenes Gegenüber präsent. Seine Rolle ließe sich so fassen, dass man ihn sich (und damit sich selbst als Leser) als neuen Mitschüler vorstellt, dem der gleichaltrige Andreas erklärt, was es im (Schul-)Alltag Wichtiges zu beachten gibt. Etwa, dass er sich nicht erwischen lassen soll, wenn er heimlich auf dem Fahrrad fährt, statt es zur Turnhalle zu schieben, und dass gleich ein Stückchen weiter hinten ein Tunnel kommt, in dem sich gute Echos machen lassen – obwohl auch das (›Natürlich!‹, wie Andreas sagen würde) verboten ist. Zugleich überschreitet der Text aber diese recht spezifische Erzählsituation, indem er sich in der Form eines gegenwärtigen »wir«, »man« und »es« präsentiert. Im Kapitel ›An der Haltestelle‹ heißt es etwa:

> »Wenn man atmet, entstehen kleine Wolken, und wir tun, als wenn wir rauchen.« (Grover: 11)

Es gelingt dem Text in dieser unspezifischen Erzählgegenwart einen komplizenhaft integrierten Leser, der als interessiert und ebenbürtig angesprochen wird, ganz im Sinne einer Memorier-Technik durch einen typischen Schultag zu führen. Ihm werden die Regeln des elterlichen Haushalts erklärt, er wird durch die Spiele des Nachmittags in der näheren Umgebung geleitet und ihm werden die Veränderungen im Jahresablauf und erste biografische Einschnitte berichtet, wie die Probleme mit der beginnenden Pubertät, mit der schweren Krankheit des Bruders oder mit dem Umzug der Familie.

Eingenommen und ausgefüllt wird die Rolle dieses kindliche Gegenübers aber von einem wohl meist erwachsenen Leser, der sich selbst gedanklich als Mitschüler von Andreas situativ verorten muss. Durch die Konstruktion dieser Als-Ob-Situation eines erzählten Erzählens wird in *Grovers Erfindung* strukturell glaubwürdig gemacht, dass Dinge, rituelle Abläufe und soziale Mechanismen verhandelt werden, die dem Leser wahrscheinlich wohlvertraut sind: Abgestellt in den Tiefen des persönlichen Archivs und des sozialen Speichergedächtnisses werden sie nun womöglich zum ersten Mal seit vielen Jahren wieder hervorgeholt und bewusst erinnert. Aber im Unterschied zu Gesprächsprotokollen á la *Wickie, Slime und Paiper* werden sie uns hier nicht mit der melancholischen Geste des Archivars präsentiert, sondern mit der Ernsthaftigkeit desjenigen, für den die Schikanen der Lehrer noch echte Schikanen sind und der netterweise – obgleich etwas herablassend – den neuen Mitschüler vor den Untiefen des schulischen und sonstigen Alltags warnt.

Aber trotz dieser sprachlich inszenierten Ernsthaftigkeit ist dies alles natürlich ausgesprochen harmlos zu lesen und könnte mit einer gewissen Berechtigung als banal abgetan werden. Es wird hier gerade nicht die Chance ergriffen, die soziale und politische Umwelt zu problematisieren, sondern sie wird uns wie in einem fiktiven Lebensratgeber erklärt. Allerdings sind es scheinbar Erklärungen von einem Elfjährigen für Elfjährige, wodurch sich eine interessante Differenz zur sonstigen popliterarischen ›Ratgeberliteratur‹ (*Generation Golf, Die Kunst des stilvollen Verarmens* etc.) ergibt. Umso interessanter sind dann aber gerade diejenigen Stellen, an denen politisch relevante Themen angesprochen werden – und dann allerdings im gleichbleibend lakonischen Ton in die Welt des kleinen Andreas eingeordnet werden:

> »Wie es früher war, haben uns meistens Mama und Papa erzählt. Manches kam auch im Kindergottesdienst, zum Beispiel über die Spitzel, wie sie hinten gesessen haben und die Predigten mitgeschrieben haben, und sobald ein Pastor was Falsches gesagt hat, zack, ab ins KZ. [...] Wir sollen es uns immer angucken, wenn es im Fernsehen kommt, damit es in Zukunft ein für allemal ausgeschlossen ist und

weil man es für die Oberstufe bestimmt noch gebrauchen kann.«
(Grover: 204 f.)

In ähnlicher Weise wird auch etwa davon erzählt, dass eine junge Lehrerin mit der Klasse nicht fertig wurde. Der Klassenlehrer begründet in seiner Standpauke den Tadel damit, dass »sie eine Frau war und zusätzlich eine Jüdin« (Grover: 31) – wobei dies nicht weiter kommentiert wird, da der erzählende Andreas offenbar nicht wirklich in der Lage ist, diese Argumente nachzuvollziehen. Sein Horizont ist noch ganz im familiären und schulischen Feld verankert, so dass er realistischerweise auch die historischen Berichte nur in diesen kindlichen Kontexten verorten kann:

> »Als der Krieg aus war, wollten sie keine Denunzianten sein. Sie haben das bestimmte Buch *Mein Kampf* im Einmachglas vergraben. Aber sie konnten es nie wiederfinden, auch beim Neubau nicht. Es muß wohl einiges wert sein inzwischen.« (Grover: 268)

Die Nazi-Zeit wird also in *Grovers Erfindung* nicht ausgeblendet. Andreas teilt dem Leser mit, was er darüber gehört hat und wie er dies einordnet: Wissen über das Dritte Reich zu sammeln wird sowohl mit dem moralischen Urteil der Eltern begründet – aber auch damit, dass einem solche Kenntnisse in der Schule noch von Nutzen sein könnten. Und ein vor Jahrzehnten vergrabenes Buch, auch wenn es den Titel *Mein Kampf* trägt, wird vor dem Lektürehintergrund unzähliger Abenteuergeschichten von Andreas primär im Referenzrahmen ›Schatzsuche‹ eingeordnet.

Auch in Christian Krachts *Faserland* werden Kindheitserinnerungen als Erzählungen aus der Nazizeit eingestreut: In den Sylter Dünen denkt der Erzähler beispielsweise daran, dass sich hier die Flak befand (Faserland: 18) oder dass »Göring [...] [beim Pinkeln in den Dünen] einmal einen Blut-und-Ehre-Dolch hier verloren hat« (Faserland: 19), den ein kleiner Junge gefunden hat und dafür eine Belohnung bekam.

Die politische Respektlosigkeit der Autoren liegt darin, dass sie ihre Erzähler mit deren Deutung der Geschichte/n unkommentiert agieren lassen. Sie erschreiben damit sich und ihren Lesern das Recht auf eine eigene Kindheit, in der die Dinge wichtig waren, die den Kindern wichtig waren, und nicht die Dinge, von denen die Erwachsenen geglaubt haben, sie hätten den Kindern wichtig zu sein: Andreas Mand streicht gewissermaßen das Wissen des Großen – zu dem er selbst geworden ist – wieder aus dem Text, um nicht in die Zwangslage zu kommen, die Erinnerungen des Kindes politisch schonend glätten zu müssen.

Es zeigt sich, dass sich die popliterarischen Autoren nicht nur als Archivare der gegenwärtigen Konsumgesellschaft betätigen (Vgl. Kapitel 3), sondern in ganz ähnlicher Weise auch die Warenwelt der 70er poetisch produktivieren. Die nostalgische Erinnerungsgemeinschaft mit dem Lesepublikum ist in dieser Variante der Arbeit am Archiv möglicherweise sogar noch ausgeprägter. Denn als implizite Lesehaltung sind hier ein wissendes Einvernehmen und oftmals auch detaillierte Kenntnisse der längst vergangenen Warenwelt gefordert – und zugleich ein ›So-tun-als-ob‹ man dies alles (in dieser Form) zum ersten Mal hören würde: Das popliterarische Archiv fordert den informierten Leser, der sich dem historisierenden Szeneguide in ähnlicher Weise überantwortet wie der virtuelle neue Mitschüler dem erzählenden Andreas.

Allerdings ist dieser Eindruck einer scheinbar naiv nostalgischen Haltung gegenüber der eigenen Vergangenheit zu einem großen Teil für die strikt ablehnende Haltung vieler Feuilletonisten verantwortlich, die hier bürgerliche Dekadenz am Werke sehen. Dabei sei doch gerade in Deutschland in Fragen der Vergangenheit dauerhafte Wachsamkeit gefordert. Diese Haltung kulminiert in der Klage, die ein Verein von Opfern des SED-Regimes (HELP) gegenüber Thomas Brussig angestrengt hat – wegen angeblicher Verunglimpfung der Maueropfer, aufgrund seiner verharmlosenden Darstellung des DDR-Alltags an der Zonengrenze. Dieser Fall ist deshalb so interessant, weil er sich gerade nicht auf die Zeit des Nationalsozialismus, sondern auf die der DDR bezieht – in ihm aber ähnliche Mechanismen des Umgangs mit historischer Betroffenheit wirksam werden. In dieser Auseinandersetzung um die Deutungshoheit über den Abschnitt deutscher Geschichte namens ›DDR‹, musste daher der letzte Satz des Romans *Am kürzeren Ende der Sonnenallee* höchst brisant und provokant wirken:

> »Glückliche Menschen haben ein schlechtes Gedächtnis und reiche Erinnerungen.« (Sonnenallee: 157)

Wiederum wird hier von einem Autor das Recht eingefordert, seinen jugendlichen Erzähler die erlebte bzw. (re-)konstruierte Vergangenheit so wiedergeben zu lassen, wie dies mit dessen beschränktem Horizont als wahrscheinlich angenommen wird – ohne dass der Autor mit den Kenntnissen des Erwachsenen und dem Wissen der Heutigen ihm beständig moralisch ins Wort zu fallen habe:

> »Mensch, was haben wir die Luft bewegt, schrieb Micha später. Es wäre ewig so weitergegangen. Es war von vorn bis hinten zum Kotzen, aber wir haben uns prächtig amüsiert.« (Sonnenallee: 153)

Diese Pointe wurde dann in der Verfilmung des Romans noch weiter zugespitzt; wobei interessant ist, dass sich ausgerechnet die folgenden letzten Sätze des Films weder im Roman noch im Drehbuch finden:

> »Es war einmal ein Land und ich hab' dort gelebt. Und wenn man mich fragt, wie es war? Es war die schönste Zeit meines Lebens, denn ich war jung und verliebt.«

Diese letzten Sätze bestreiten – in beiden Varianten – ja in keiner Weise, dass ein anderer Erzähler die Geschichte der DDR zu Recht ganz anders beobachten würde; er leugnet aber auch nicht den möglicherweise moralisch provozierenden Umstand, dass Menschen auch in Diktaturen glückliche Zeiten erleben können, selbst wenn dies von anderen zu Recht als verwerflich wahrgenommen wird.

Und möglicherweise werden auch diejenigen moralisch recht behalten, die einen respektlosen Umgang mit historischen Großereignissen ablehnen. Wenn etwa der männliche Held in Thomas Brussigs erstem Wenderoman (*Helden wie wir*) Christa Wolf bei ihrer Rede auf dem Alexanderplatz für die Eiskunstlauftrainerin Jutta Müller hält, vor Schreck kurz darauf einen Unfall hat, durch den sein Penis überdimensional anschwellen wird, was dann wiederum angeblich zum Fall der Mauer führt – in der Form einer Groteske übernimmt hier eine literarisch-fiktionale Alternativ-Version der jüngsten deutschen Geschichte die Aufgabe der Pathos-Entlastung.

Auch der spiegelbildlich arrangierte Wende-Pop-Roman aus BRD-Perspektive, Sven Regeners *Herr Lehmann*, operiert auf der Höhe der lebensklugen Einsicht, dass alltägliche Probleme möglicherweise den Blick für politische Großformate verstellen: Herr Lehmann etwa, dessen dreißigster Geburtstag auf den 9. November 1989 fällt, betrinkt sich in depressiver Stimmung ausgerechnet an diesem großen Tag hemmungslos, was seine gereizte Reaktion auf die Nachricht des Mauerfalls erklärt.

> »›Hast du schon gehört?‹ fragte er den Mann hinter der Bar.
> ›Was denn?‹ [...]
> ›Die Mauer ist offen.‹
> ›Ach du Scheiße. [...] Die Mauer ist offen, was soll das überhaupt heißen, die Mauer ist offen. Der Arsch ist offen.‹
> Herr Lehman guckte sich um. Der Barmann erzählte es anderen Leuten, und die Sache schien sich herumzusprechen. Es gab aber keine große Aufregung, alle machten weiter wie bisher.« (Herr Lehmann: 280 f.)

So erfrischend unkorrekt kann Literatur eine alternative Version zu den pathetischen Fernseh-Inszenierungen der ›Deutschen Geschichte‹ präsentieren. Diesen offiziellen Lesarten stellt Popliteratur hier eine ungeglättete Variante entgegen, in denen die Protagonisten alltägliche Dinge denken, sagen und tun dürfen. Das Bild einer Kindheit in den 70ern in der BRD, einer Jugend im Berliner Osten der 80er Jahre, in Kreuzberg kurz vor der Wende oder auch das Lebensgefühl als gut verdienender Jungautor in den 90ern wird dabei gegen den Alleinvertretungsanspruch der Nachkriegsgeneration verteidigt und ins Funktionsgedächtnis der deutschen Gesellschaft eingeschrieben – ohne dass diese unpathetisch-entspannteren Alternativen zwangsläufig in ein moralisches Desaster führen würden.

Literatur

Assmann, Aleida/Assmann, Jan: Das Gestern im Heute. Medien und soziales Gedächtnis. In: Die Wirklichkeit der Medien, hg. von Klaus Merten u.a., Opladen, 1994, S. 114-140.
Baßler, Moritz: Der deutsche Pop-Roman. Die neuen Archivisten, München, 2002.

Gendertrouble: Männlichkeit, Weiblichkeit und das Dazwischen

- *Frauenfiguren und Autorinnen spielen in der Neuen Deutschen Popliteratur eine wichtige Rolle, obgleich in der ›Außendarstellung‹ meist die männlichen Autoren dominieren.*
- *In den Texten von Autorinnen wie Autoren ist eine starke Verunsicherung in Bezug auf die Geschlechterrollen zu beobachten. Diese sind offenbar nicht mehr selbstverständlich garantiert, sondern einem ständigen Prozess der Aushandlung unterworfen.*
- *Die Texte der Neuen Deutschen Popliteratur sind von einer eher konservativen Haltung bezüglich sexueller Orientierung geprägt und zugleich von einer eigentümlichen Offenheit in Bezug auf Sexualität, die zeitweise die Grenze zum Schamlosen überschreitet.*

Die Neue Deutsche Popliteratur wurde in der Wahrnehmung der Literaturkritik einerseits oft als das männlich dominierte Produkt einer Herren-Riege angesehen, die sich in etwa mit den Protagonisten von *Tristesse Royale* deckt. Flankiert wird diese geschlechtsspezifische Aufteilung des Feuilletons durch das sogenannte literarische ›Fräuleinwunder‹ der 90er Jahre, in dem eine große Zahl gut verkäuflich geschriebener Romane auf den Markt kam, deren Autorinnen und Heldinnen sämtlich in Berlin-Mitte zu wohnen schienen.

In der hier zur Debatte stehenden Neuen Deutschen Popliteratur sind Autorinnen dagegen seltener, aber doch selbst im Kernbereich mit Sibylle Berg und Alexa Hennig von Lange sehr eindrucksvoll vertreten. Wenn die ›zweite Reihe‹ noch hinzugenommen wird, kann die Liste um Else Buschheuer, Rebecca Casati, Elke Naters oder auch Karen Duve recht umfangreich ergänzt werden. Andererseits sind Themen wie Geschlechterverhältnisse, Geschlechterrollen und Geschlechtlichkeit auch in vielen Texten männlicher Kollegen durchaus präsent:

Mit Thomas Meineckes Roman *Tomboy* soll hier allerdings zunächst ein Text behandelt werden, der als prototypisch für den sogenannten (hier sonst eher ausgeblendeten) ›Suhrkamp-Pop‹ gelten kann: Der Roman berichtet vom Entstehungsprozess einer Magisterarbeit an der Universität Heidelberg. Die Heldin Vivian verhandelt darin alle nur greifbaren Diskurse feministischer Theoriebildung des damaligen (1998) Stands der Dinge, diskutiert sie aber zuvor – an den Neckarauen liegend – mit ihrem gendermäßig in jeder (!) Hinsicht bunt gemischten Bekanntenkreis. Auf höchstem theoretischem Niveau werden die Theoreme Butlers und Beauvoirs, Cixous' und Derridas, Lacans und Irigarays analysiert und auf der Handlungsebene des Romans durch ein furioses Wechselspiel der Geschlechtlichkeit und unterlaufener Rollenerwartungen auch zur Darstellung gebracht. Gipfelpunkte dieser entfesselten Verwirrung jeglicher ›natürlicher‹ Geschlechtergrenzen werden erreicht, wenn etwa die Funktionalisierung der Vorhaut Jesu im christlich-patriarchalen Diskurs ernsthaft analysiert wird – oder wenn die Heldin versucht, den Körper des cross-dressenden Angelo geschlechtlich zuzuordnen:

> »Vivian [...] bemerkte an diesem Abend erstmals, daß Angela Stöver, geborene Guida, nämlich Angelo Guida, völlig flachbrüstig war, überhaupt keinen Busen hatte, nicht einmal die Andeutung eines solchen, schon gar keinen abnehmbaren. [...] Die Italienerin wirbelte unterdessen mit nahezu waagrecht fliegendem Rocksaum über die Tanzfläche. Vivian ertappte sich dabei, nach ihrem Penis Ausschau zu halten, und fragte Frauke: Ist das Lacan? [...] Daß Angela Stövers Schwanz weiblichen Geschlechts war, machte die Sache nicht weniger kompliziert: Konnte Vivians Blick womöglich ein lesbischer gewesen sein? [...] Schwierig, schwierig, längeres Schweigen. Mann oh Mann. Lacans Theorie als Komödie der menschlichen Irrungen und Wirrungen, der tragischen Unzulänglichkeiten, eine Identität zu verwirklichen. Warum hatte er sich dabei eigentlich so ausschließlich auf das sprachliche System Freuds eingelassen? Wenigstens bekam der DJ eine schöne Kreuzblende hin. Irre Bluse, übrigens, die Angela da trägt, bemerkte Vivian und nippte an ihrer Cola.« (Tomboy: 151-153)

Die Montagetechnik und die ins Ironische abkippende Übersteigerung des Theoriediskurses sind für den typisch popliterarischen Effekt des verschriftlichten Partygesprächs zuständig – besonders auch die doppelt selbstreflexive Wendung, wenn mit einem harten Schnitt übergangslos vom theoretischen Stichwortgeber Lacan zum akustischen Taktgeber des

DJs ›geschnitten‹ wird. Da dies darüber hinaus in der Form eines Hin-
weises auf dessen gelungene ›Sample-Technik‹ geschieht, wird hier in
überdeutlicher Form die populärkulturelle Herkunft des gerade verwendeten poetischen Verfahrens im Text ganz offen selbstreferenziell ausge-
stellt. Der Text legt damit den Rückschluss auf eine zu vermutende grundsätzliche Dominanz des Alltagsdiskurses über die langsamere Hochkultur
nahe – auch wenn deren spezifische Reize noch einmal vor den Lesenden
ausgebreitet werden. Ein Effekt, der aber gerade durch die pop/postmo-
dern-egalitäre Verwendung des Ge- und Remixten entsteht, wenn

> »der Odenwald, die BASF und Betty Barclay, die US Army und die
> RAF, das Nibelungenlied, das Techno-Label *Source*, Judith Butler,
> Otto Weininger und Ernst Bloch, US-Westküsten-Frauenbands, der
> *Playboy* und die FAZ, D.H. Lawrence und Lacan [...] zu einem mehr-
> spurigen Track abgemischt [werden.]« (Tomboy: Klappentext)

Während sich Meineckes Figuren durch eine geradezu wagemutige Toleranz in Fragen der Geschlechtlichkeit auszeichnen, ist die Neue Deutsche Popliteratur im Allgemeinen eher von einem bürgerlichen Diskurs
dominiert. Prototypisch ist die erstaunlich verschämte Form latenter
Homosexualität bei den Helden Christian Krachts, die tatsächlich mehr
an Thomas Mann erinnern als an das große Vorbild Bret Easton Ellis,
dessen Held Patrick Bateman sich immerhin durch eine aggressive und
explizite Homophobie auszeichnet.

Mertens wertet *Faserland* gar als eine »aufdringliche Coming-Out-
Geschichte«[17] des Ich-Erzählers ab. Wiederholt berichtet dieser von
Handlungen, die auf der Ebene des räumlichen Arrangements durchaus
symbolisch als homosexuell motivierter Akt des Eindringens in einen
anderen Mann gedeutet werden können: Zum einen stiehlt er einem
alten Freund, den er unbemerkt in einer Frankfurter Kneipe entdeckt
hat, dessen Barbourjacke und einem anderen Freund, der sich zeitgleich
in einem See ertränkt, entwendet er den Porsche. In beiden Fällen handelt es sich um Schutzräume, um quasi-sexuelle, bergende Hohlkörper,
die sich der sozial obdachlose Held aneignet und in die er hineinschlüpft.
Am Ende seiner orientierenden Reise durch das Faser- / Father- / Vaterland sucht er in Kilchberg am Zürichsee das Grab von Thomas Mann,
findet es aber in der Dunkelheit nicht mehr und so endet das Buch und
die Reise des Helden in einem Ruderboot mitten auf dem See.

Lebensweltliche und sexuelle Orientierungslosigkeit ist auch in Elke
Naters *Lügen*-Geschichte handlungsbestimmendes Thema: Die Heldin
muss damit zurechtkommen, dass ihre beste Freundin plötzlich mit einer

Frau zusammen ist. Und auch in *Königinnen* derselben Autorin werden Schwierigkeiten im (geschlechtlichen) Beziehungsleben metaphorisch mit den Lebenskrisen der Heldinnen verbunden. In beiden Fällen sind die beiden Freundinnen in einer innigen Hass-Liebe verbunden – und spiegeln für einander die Rolle des jeweiligen sozialen Gegenmodells von Weiblichkeit am Ende des Jahrtausends: Während Marie noch immer als chronisch unterfinanziertes Partygirl auf der Suche nach ›dem Richtigen‹ ist und dabei ein wildes, spontanes Großstadtleben führt, hat Gloria schon ohne es anfangs noch recht zu bemerken die Grenze zur familiären Saturiertheit überschritten. Neidvoll beobachtet sie die Eskapaden Maries – und findet erst am Ende, nun mit einem zweiten Kind schwanger, zu einer entspannteren Gelassenheit.

Der ästhetische Reiz des Textes liegt in seiner geschickt eingesetzten parallelen Handlungsführung, die ein sich zum großen Teil überschneidendes Geschehen aus den gegenläufigen Perspektiven der beiden Protagonistinnen und ihrer jeweiligen Lebensprobleme (Partygirl vs. Junge Mutter) akzentuiert und damit das Prekäre beider Situationen ebenso elegant zur Darstellung bringen kann, wie auch die spezifischen Reize der jeweiligen Frauen-Rollen. Dabei spielt der Text auch ganz offen mit dem Effekt anzunehmender Identifikationspotentiale bei der als Publikum anvisierten Zielgruppe junger Frauen.

Im Gegensatz hierzu setzt Alexa Hennig von Langes Darstellung der Wochenendaktivitäten eines Ravers und seines »Proll-Flittchens«[18] gerade nicht auf die Leserbindung durch Identifikation, sondern auf die Faszinationskraft einer unvertrauten, gänzlich massenkulturell geprägten Existenz der Unmündigkeit, die dem bürgerlichen Lesepublikum in einer Art Exotismus, einem Ausflug in fremde Milieus der eigenen Gesellschaft präsentiert wird.

In scheinbar unmittelbarer Weise wird es dem Publikum ermöglicht, ein Wochenende lang an den Gedankengängen, Gefühlen und Gesprächen des Ravers Chris (›Teil 1‹) teilzuhaben, um dann im zweiten Teil des Romans dasselbe Wochenende als Ich-Erzählung seiner zu Hause wartenden Freundin (Die ›Kleine‹) geschildert zu bekommen. Damit ist *Relax* der für Gender-Fragen wohl einschlägigste Text der Neuen Deutschen Popliteratur, der insbesondere durch das geglückte literarische Experiment eines männlich-weiblichen Chiasmus der Erzählperspektiven besticht. Dieses Montageverfahren ist dabei für beide Protagonisten entlarvend.

Schonungslos werden ihre wechselseitigen Beobachtungen und Berichte gegeneinander montiert und durch die streng personale Sicht auch intimste Gedanken und Handlungen offen gelegt. Insbesondere seiner Protagonistin macht es der Text zunächst nicht leicht, zum Beispiel schon durch ihre Benennung die ›Kleine‹. Zwar ist ihr Part (Relax: 137-314) gut 50 Seiten umfangreicher, als der von Chris erzählte erste Teil (Relax: 9-133), aber die primär präsentierte Perspektive auf das Geschehen ist die männliche. Die ›Kleine‹ muss ihre Sicht der Dinge als nachträglichen Gegenentwurf vor dem Lesepublikum erst durchsetzen. Da Chris dann allerdings in der Schlusssequenz (endgültig?) das Bewusstsein verliert, hat sie mit ihrer nachgelieferten Außenperspektive gewissermaßen das letzte Wort behalten, wodurch sich das kommunikativ-symbolische Machtverhältnis der beiden Figuren wieder etwas zu ihren Gunsten verschiebt. Diese Verdopplung des Geschehens macht im Übrigen auch die zentrale Differenz zu Schnitzlers *Fräulein Else* aus – eine kanonische Vorlage von *Relax* (Vgl. Kapitel 9).

Neben dem restringierten Sprech- und Denkniveau der Heldin ist es vor allem ihre sehr unmittelbare Form des Umgangs mit Sexualität, die für ihre klischee-konforme Einstufung ins subproletarische Milieu verantwortlich ist, obwohl der Text über basale Soziodaten wie Beruf, Ausbildung etc. nichts Genaueres mitteilt. Es bleibt der unbestimmte Eindruck eines Party-Pärchens, das entgegen poplizerarischer Üblichkeiten nicht dem Milieu bürgerlicher Langzeitstudenten, Medienpraktikanten oder sonstiger Halb-Müßiggänger entstammt. So unbestimmt der Text im Sozialen bleibt, um so genauer und eindrücklicher werden die sexuellen Gewohnheiten der Protagonisten geschildert und es sind wohl eben die Vorstellungen einer ungeregelten Triebhaftigkeit der ›niederen Klassen‹, die seitens der etablierten Literaturkritik zuverlässig den Reflex dieser Zuordnung ausgelöst haben. Vorbereitet wird dieses Bild der ›Luders‹ schon durch die Beschwerden von Chris, dass die ›Kleine‹ »komplett sexsüchtig« (Relax: 17) sei. Selbst in der Öffentlichkeit ergreife sie ungeniert sexuell die Initiative:

> »Meine Kleine hat da keine Hemmungen. Wenn die Lust auf Schwanz hat, packt sie ihn aus, fummelt rum und freut sich, wenn ich einen Steifen kriege.« (Relax: 17)

Allerdings scheint genau in der sexuellen Leistungsbereitschaft von Chris, der zumindest am Wochenende eine große Menge Drogen konsumiert, ein massives Problem zu liegen. Spätestens mit der Lektüre der weiblichen Gegenperspektive wird klar, dass die erotische Frustration der ›Kleinen‹ weniger von ihrer übermäßigen libidinösen Energie verursacht wird, sondern primär durch die selbstverschuldete Impotenz des

Mannes auf Dauerparty. Damit wird eine Situation konstruiert, in der es die Passivität des Mannes erlaubt, dass die Frau als der sexuell aktivere Part auftreten kann, nämlich in der Rolle der ›phallischen Frau‹ – einer kulturell weit verbreiteten Variante der ›femme fatal‹. Präsent ist dieser Topos etwa in der männlichen Furcht vor der Gestalt des weiblichen Vampirs, die – mit Zähnen als Phallusersatz ausgestattet – nun ihrerseits in der Lage ist, den Mann zu penetrieren. Und genau dieser kulturell übercodierten Angst erliegt auch Chris, wie sich an seiner Reaktion auf das Geschenk eines Vibrators namens Harald leicht ablesen lässt:

> »Chris wollte Harald nicht haben. Ich weiß auch nicht so genau warum. Chris hat gesagt: ›Ich hab selber einen!‹, und ich habe gedacht, Chris hat echt einen Vibrator zu Hause, komisch. Aber dann habe ich gecheckt, daß Chris seinen Schwanz damit meint, und das ist ja wohl nicht ganz das gleiche, oder? [...] Trotzdem wollte Chris Harald nicht haben, weil er dachte, daß ich will, daß er sich Harald in den Po schiebt. Aber so war das echt nicht gemeint. Ich dachte eher, daß Chris dann einfach nur schickerweise die Vibrator-Harald-Gewalt hat.« (Relax: 143)

In der scheinbar naiven Sicht der ›Kleinen‹ würde Chris durch den geschenkten Ersatzpenis (s)eine phallische Energie wieder ›zur Hand‹ haben, die er sich selbst durch seinen Lebenswandel entzieht. Man muss kein Freudianer sein, um zu erkennen, dass die unterstellte Penetrationsabsicht durch die Frau bzw. den weiblich konnotierten Phallus im Grunde eine Verschiebungsleistung von Chris darstellt; eine Verschiebung in Bezug auf den als Angriff auf sein männliches Selbstbild wahrgenommenen Hinweis der ›Kleinen‹, dass er üblicherweise eben nicht (mehr bzw. immer) die »Vibrator-Harald-Gewalt« hat. Die scheinbar Unterlegene im Beziehungsspiel tritt also hier souverän agierend auf, da sie nicht bereit ist, ihre erotische Frustration tatenlos hinzunehmen:

> »Weil, wenn Chris im 10. Delirium und so müde ist, hat er keine Lust mehr. Ich meine, das ist der Punkt. Darum haben wir ja schon so lange nicht mehr gefickt. Chris ist echt einfach immer müde, wenn er es dann mal bis zu mir geschafft hat.« (Relax: 204)

Bezeichnenderweise ergibt sich aber durch die Zurückweisung des geschenkten Sexspielzeugs die Situation, dass sich die Frau selbst mit einem Penis beschenkt hat, da die ›Kleine‹ Harald einfach für sich behält und in ihre onanistischen Rituale integriert. Im Zentrum ihrer sexuellen Phantasie stehen die Comicfiguren Vampirella und die Göttin von Drakulon. Zum einen dienen ihr die beiden als projektive Wunschphanta-

sien eines besseren Ichs. Sie werden als Vorbilder für eine ideale Ausge-
staltung des eigenen Selbst verwendet:

> »Cool was? Das ist echt mein Lieblingssatz: ›Ich bin eine emanzipierte
> Frau und kann schlafen mit wem ich will!‹ Vampirella ist echt eine coole
> Frau. Ich meine, die wartet nicht blöde auf ihren Typen.« (Relax: 140)

Zum anderen dient die figurale Erscheinungsform der Comicgestalten
aber auch als libidinöser Auslöser der autoerotischen Aktivitäten:

> »Das ist mehr so ein Ritual. *Vampirella*-Comic lesen, Zeit vergehen
> lassen, mir die Riesentitten von Vampirella angucken und scharf wer-
> den.« (Relax: 139)

Dabei empfindet die ›Kleine‹ die fehlende Gegengeschlechtlichkeit selbst
als ungewöhnlich, ist aber letztlich doch in der Lage, die Phantasie heterosexuell zu ›befrieden‹. Eine Schlüsselrolle nehmen dabei die großen
Brüste Vampirellas als die zentralen Objekte des Begehrens ein. Denn die
›Kleine‹ empfindet sich selbst als ein Mängelwesen, dem dieses Attribut
weiblicher Geschlechtlichkeit fehlt. Der Roman konstruiert hier ganz
nebenbei eine gespiegelte Version des freudschen Penisneides, der zentral
ja ebenfalls auf einem angeblichen Mangelgefühl der Frau beruht:

> »Ich habe ja leider keine Titten. Vielleicht finde ich das ganze deshalb
> so scharf weil ich keine Titten habe. Kann ja sein. Ich meine, manch-
> mal denke ich echt, daß es mir so wie den Männern geht. Ich meine,
> die haben auch keine Titten, genau wie ich, und deshalb finden ich
> und die Männer Titten so absolut scharf. Kann doch sein. [...] Da
> denkt doch jeder, ich bin lesbisch oder so. Ich glaube, das liegt echt
> einfach nur an den Titten.« (Relax: 141 f.)

Hier wird nun in einer interessanten Verkehrung des freudschen Homose-
xualitäts-Modells eine stimmige Erklärung dafür angeboten, dass die ›Kleine‹ tatsächlich nicht im eigentlichen Sinne homosexuell ist: Denn Homosexualität wird nach Freud primär als eine Form defizitären Narzissmus
interpretiert. Wer das eigene Geschlecht begehre, begehre im Grunde nur
ein Bild seiner selbst. Damit sei in pathologischer Weise ein zentraler ent-
wicklungspsychologischer Schritt noch nicht vollzogen, nämlich die libidi-
nöse Besetzung eines fremden Objekts. Wenn die ›Kleine‹ also die Brüste
der Comic-Figuren als etwas ihr Fehlendes begehrt, werden diese, vergleichbar dem weiblichen Penis Angelas, aus ihrer Beobachtungsperspektive zu
einer Art Phallussymbol, wodurch das weibliche Begehren wieder normen-
konform als heterosexuell beschrieben werden kann. Aber auch sonst sind

die imaginierten Lüste der ›Kleinen‹ in einer moralischen Mikrophysik
sexueller Normierung so reguliert, dass sie auf der symbolischen Ebene
immer in der Heterosexualität eingebettet bleiben – auch wenn die libidinösen Positionen in einer dynamischen Unschärfe verschwimmen:

> »Ich streichel die Göttin. Ich ziehe die Göttin aus. Ich bin ein Mann.
> [...] So was hat die Göttin echt noch nicht erlebt. Das erste Mal wird
> die Göttin von mir zwischen ihren Beinen gestreichelt. Plötzlich sind
> meine Hände die Hände von Chris. Chris sitzt jetzt zwischen den
> Beinen der Göttin. Chris' Hände streicheln die Göttin, ich bin die
> Göttin von Drakulon.« (Relax: 144)

Aber nicht nur die heterosexuelle Norm wird hier durch den Positions-
wechsel gewahrt, die Träumende zensiert ihre Phantasie auch dahinge-
hend, dass am Ende und Höhepunkt die Geschlechterrollen, die kurzzeitig ins Wanken geraten waren, wieder klischeehaft restituiert werden:
mit dem aktiven Mann und der Frau in einer passiv empfangenden
Position. Die ›Kleine‹ zieht sich freiwillig wieder auf ihre Position der
Unterlegenen zurück. Und nach dem Höhepunkt in der Phantasie, wird
auch in der Realität dieser gebrochene Eindruck nochmals bestätigt,
indem eben nun doch die kulturellen Mechanismen der Tabuisierung
autoerotischer Sexualität greifen, denen sich die antibürgerliche Figur
zunächst entzogen zu haben schien:

> »[...] ich schmeiß Harald schnell in die Schublade zurück. Ich hasse
> Harald, wenn ich einen Orgasmus habe. Ich hasse ihn wirklich. Plötz-
> lich ist er nämlich nur noch grün und aus Plastik.‹ (Relax: 145)

Die Kleine fühlt sich schmutzig und ertappt und wirt, durch diese In-
tervention patriarchaler Moralität erpressbar geworden, den Phallus
wieder von sich und gibt damit symbolisch die gerade erst von ihr er-
oberte Machtposition einer autonomen, vom Mann unabhängigen Sexualität wieder ›aus der Hand‹. Trotz der ›schamlosen‹ Attitüde ihrer
Gedankenströme wirken auch bei ihr die Normen der Wohlerzogenheit,
wobei es allerdings nicht die Instanz des Vaters ist, der als störender Gast
die erotische Szenerie parasitär besetzt, sondern im Zuge ihrer eigenen
Geschlechtswahrnehmung konsequenterweise ihre Mutter. Hierdurch
wird allerdings die Konstruktion durch noch eine weitere Ebene libidi-
nös-symbolischer Verschlüsselung verkompliziert:

> »Irgendwie erinnert Vampirella mich immer an meine Mutter. Ich
> meine [...] weil es so ein Foto von meiner Mutter gibt, wo sie nackt

am Strand liegt, und da sieht sie echt aus wie Vampirella. Auf Seite 8 bin ich deshalb immer so ein bißchen peinlich berührt, weil ich das Bild einerseits ja ziemlich scharf finde, und auf der anderen Seite habe ich immer das Gefühl, meine Mutter liegt da und macht mich scharf. Das ist schon verrückt. Also lese ich schnell alles auf Seite 8 durch und blätter um und dann geht es wieder.« (Relax: 140)

Diese Überblendung der Bildbereiche einer erotisierend erlebten fiktionalen Gestalt, die zugleich als etwas Fremdes und zugleich als imaginierte Wunschversion des eigenen Subjekts wahrgenommen wird, mit der Fotografie der nackten Mutterbrust (also dem Kernbereich oraler Fixierung und Vertrautheit) verschiebt die ritualisierte Autoerotik nun zusätzlich in den Bereich einer analytisch abzuarbeitenden frühkindlichen Prägung.

Das unzensierte Sprechen der Ich-Erzählerin lässt Latentes allerdings kaum entstehen, sondern verflüssigt die moralische Tabuisierung bestimmter Wünsche in der sprachlichen Manifestation des Begehrens. Der Text verweigert sich der Konstruktion eines semantischen Überflusses in Bezug auf die Figurenpsyche und funktioniert daher ganz im popliterarischen Sinne als Oberflächentextur, auch was die Konstruktion von Geschlechtlichkeit angeht. Trotz dieser deutlichen Verweigerung gegenüber emphatischer Sinnstiftung entsteht doch eine Komplexität auf der Figurenebene, die sich nicht in der schamlosen Inszenierung des »Proll-Flittchens« erschöpft. Es entwickelt sich bei den Lesenden nach und nach das Bild einer verstörten Person, der es nicht gelingen will, sich ihren Problemen zu stellen, die ihre schützende Wohnung kaum noch verlässt und deren Schutzbedürfnis so groß ist, dass sie ihren ganz offenbar beziehungsunfähigen Freund gewähren lässt. In erneuter Umkehrung der Geschlechterrollen imaginiert sie sich ihn sogar als uteralen Geborgenheitsraum:

> »In solchen Momenten wünsche ich mir immer, daß Chris einen Reißverschluß am Bauch hat und ich den nur aufmachen muß, um reinkriechen zu können.« (Relax: 225)

Zwischen den beiden liegt ein ›tiefes‹ Missverständnis vor, das allerdings erst durch die chiastische Konstruktion des Textes offen gelegt wird, da wir die inkongruenten Perspektiven mitgeteilt bekommen. So wartet die ›Kleine‹ vor lauter Angst verlassen zu werden, das ganze Wochenende darauf, dass Chris zurückkommt und fällt dann sogar wieder in die Rolle des Hausmütterchens zurück:

»Mehr braucht mein kleiner Matrose nicht. Nur zwei kleine Croissants.
[...] Jetzt aber schnell nach Hause. Sonst verhungert mein kleiner Chris.
Flitz, flitz, flitz. Ich hätte jetzt richtig Lust, die Dinger gegen das nächs-
te Straßenschild zu schleudern oder drauf rumzutrampeln. Nee, echt.
Langsam verliere ich echt meinen Stolz. Ich meine, Madame Vampirel-
la würde nie Croissants kaufen gehen.« (Relax: 220 f.)

Die ›Kleine‹ ist hier am Rande der Verzweiflung über ihr eigenes Rollen-
verhalten und doch ist offenbar die Angst vor dem Alleinsein, dem Ver-
lassenwerden und der Einsamkeit so groß, dass sie diesen quälenden
Widerspruch aushält, ohne selbst irgendetwas davon zu haben. Umso
entlarvender ist die Re-Lektüre der Szene aus der Perspektive von Chris,
der in dieser Zeit noch gemütlich im Bett liegt, sich der Zuneigung der
Frau völlig sicher weiß und für den die Welt völlig in (patriarchaler)
Ordnung ist:

»Meine Kleine macht alles für mich, weil es ihr Spaß macht. Original.
Ich muß nur sagen, daß ich Hunger habe und zack, holt sie mir was.
Klasse ist das.« (Relax: 58)

Die Angst der Frau vor der kränkenden Zurückweisung findet hier in der
egozentrischen Perspektive des Mannes ihre Entsprechung und Begründung. Zwar entsteht auch bei den männlichen poplitearischen Helden
mit der Zeit ein unbehagliches Gefühl der Leere und Sinnlosigkeit – insgesamt kommen sie aber mit der postmodernen Existenzform des urbanen Singledaseins weitaus besser zurecht, als die Heldinnen mit ihren
klischeehaften Mädchenträumen von »Las Vegas und heiraten und Kinder kriegen« (Relax: 208).

Die Männer scheinen dagegen, in einem post-feministischen Roll-
back, Frauen durchaus wieder als reines Sexual-Objekt betrachten zu
dürfen: In der Experimental-Anordnung eines spezifisch männlichen
Erzählens durch eine Autorin entwirft Rebecca Casati in *Hey Hey Hey*
einen postmodernen Libertin, der die Sinn- und Bedeutungslosigkeit der
eigenen Existenz schonungslos erkennt und auf dieser Grundlage versucht, sich wenigstens eine rudimentäre Geschichte zu erstreiten. Zu
diesem Zweck entwirft er einen »bombensicheren Masterplan. Ich ficke
mich einmal durchs Alphabet.« (Hey: 9) Und aufgrund der hierzu notwendigen Rücksichtslosigkeit gegenüber den Frauen, die er wegen der
jeweiligen Anfangsbuchstaben ihrer Vornamen ›jagt‹, ›erlegt‹ und in
seine Sammlung einreiht, wird auch tatsächlich etwas Ähnliches wie eine
Geschichte entstehen. So wie der de Sadesche Schurke seine Umwelt zum

Zwecke seiner Lust missbraucht, so instrumentalisiert der selbst namenlos bleibende Ich-Erzähler seine weibliche Umwelt. Das Überzeugende an Casatis Experiment liegt dabei vor allem in der unspektakulären Geste, mit der diese Geschichte entworfen wird. Nicht als Skandal, sondern eher im Sinne einer zur Kenntlichkeit entstellten Wirklichkeit wird hier der Prototypus einer Männlichkeit entworfen, der in der Anonymität der Großstadt Frauen ebenso konsumieren kann wie Kleidungsstücke. Und wie die Dinge des Alltags ihren Wert durch ihr Label erhalten, so ist es auch für ihn die zufälligste Äußerlichkeit, nämlich der Anfangsbuchstabe des Vornamens, durch den die Verführten ihre Stellung in seinem narrativen Wahnsystem und damit ihren Wert zugewiesen bekommen.

Literatur

Butler, Judith: Das Unbehagen der Geschlechter, Frankfurt/Main, 1991.
Caemmerer, Christiane (Hg.): Fräuleinwunder literarisch: Literatur von Frauen zu Beginn des 21. Jahrhunderts, Frankfurt/Main, 2005.
Faulstich-Wieland, Hannelore: Einführung in Genderstudien, Opladen, 2003.

Intertextuelle Vorbilder: Die Klassiker im Populären

- *Die Neue Deutsche Popliteratur lehnt sich eng an ihre Vorbilder in der angloamerikanischen Literatur an.*
- *Die Helden der Neuen Deutschen Popliteratur geben sich zum größten Teil gebildet und demonstrieren dies durch Anspielungen auf die Buch- und Hochkultur. Zitate und Autorennamen werden wie schon in anderen Texten (z.B. Goethes Werther) als Losungsworte verwendet, um zwischen Banausen und verwandten Seelen unterscheiden zu können – mit letzteren ergeben sich dann über den Umweg der geteilten Gefühle auch erotische Verbindungen.*
- *Zwischen der Popliteratur und dem Genre der Reiseliteratur besteht eine enge Verbindung, die sich insbesondere in der Nebenfunktion der Reifung des Helden auf seiner Reise erfüllt. Die informierende Funktion realisiert sich dagegen weniger gegenüber fremden Ländern als gegenüber fremden Milieus.*

Die Anlehnung deutscher Popautoren an die angloamerikanischen Vorbilder ist schon oft kritisiert worden, in jüngster Zeit am massivsten von Mathias Mertens:

> »Benjamin von Stuckrad-Barres Roman [*Soloalbum*] wirkt stellenweise wie ein Plagiat [von *Faserland*]. Schlimmer noch, es ist, wenn man frühere Urteile über *Faserland* hinzuzieht, das Plagiat eines Plagiats von *American Psycho*, das *High Fidelity* zu plagiieren versucht. Unorigineller geht's nimmer.«[19]

So entschieden sich dieser Vorwurf einer doppelten Epigonalität gegenüber den Protagonisten der Neuen Deutschen Popliteratur zunächst gibt, weist Mertens im Grunde lediglich nach, dass sich auch die Texte der Neuen Deutschen Popliteratur in die Literaturgeschichte (auch des Pop) einschreiben. Und gerade durch die philologische Akribie, mit der die offene Verehrung von Ellis und Hornby durch Kracht und Stuckrad-Barre in Form von Interviews und Artikeln rekonstruiert wird, unterläuft Mertens seine eigenen Vorwürfe des Plagiats, das doch die Heimlichkeit voraussetzen würde – ganz so wie es das Wort »mutmaßlich« im Titel ja auch unterstellt. Allerdings kann im Falle von zwei Bestseller-Autoren eben nicht ernsthaft eine Täuschungsabsicht vorausgesetzt werden. Alles was Mertens mit seinem Text ganz gegen seine Intention nachgewiesen hat, ist die Tatsache, dass es Ähnlichkeiten von Stimmungen, Formen, Stilen und Motiven zwischen den genannten Autoren gibt – denn es sind eben diese Affinitäten durch die eine literarische Strömung überhaupt erst entsteht. Dies der fraglichen Literatur zum Vorwurf zu machen, ist in etwa so sinnvoll, wie sich über Fontanes ›Realismus‹ zu beklagen.

Noch deutlicher wird die Wirksamkeit einer Strategie der intertextuellen Vernetzung der Romane, wenn berücksichtigt wird, dass dies durch eine Rückbindung auf die Ebene der Romanhandlung nochmals selbstreferenziell gewendet wird. Ein zentraler Faktor ist in diesem Zusammenhang der Umstand, dass die popliterarischen Helden selbst gerade nicht nur der Sphäre der Waren- und Konsumwelt angehören (wie es das Klischee zu wissen glaubt), sondern dass sie, gerade bei Kracht und Stuckrad-Barre, als literarisch sozialisierte Bürgerkinder mit klassischem Bildungshintergrund präsentiert werden.

In *Faserland* berichtet der Ich-Erzähler von seiner Schulzeit in Salem, worauf sich offenbar sein kultureller Selbstanspruch gründet. Allerdings sehen wir hier trotz des Besuchs eines Eliteinternats einen nur mit Bildungsfragmenten ausgestatteten Picaro vor uns, dessen überdeutlicher Wunsch nach bildungsbürgerlicher Einordnung sich keinesfalls mit der Wirklichkeit seines Halbwissens deckt, das etwa dann deutlich wird, wenn er Bernhard von Clairvaux und Walter von der Vogelweide als »mittelalterliche Maler« (Faserland: 71) bezeichnet oder wenn er voller Stolz folgende Beobachtung zum Besten gib:

> »Es ist ein Buch von Ernst Jünger, eine ziemlich alte Ausgabe, das sehe ich sofort, obwohl ich nicht viel lese und Ernst Jünger schon gar nicht. Nigel hat mir nämlich mal erzählt, Ernst Jünger wäre so ein Kriegsverherrlicher, und seine Prosa, das hat jetzt Nigel gesagt, würde sich so lesen wie die von Hermann Hesse.« (Faserland: 63)

An Stellen wie diesen wird, aller fast schon übermäßig betonten geistigen Schlichtheit und intellektuellen Naivität des Ich-Erzählers zum Trotz, sein Wunsch deutlich, sich möglichst eng an die bürgerliche Kultur anzubinden. Dies ist ein Begehren, das sich ja sogar zu einer regelrechten Pilger-

fahrt steigert, so dass die gesamte Fahrt durch das Vaterland schließlich
fast am Grab von Thomas Mann endet, gemäß dessen Diktum: »Wo ich
bin, ist Deutschland!« Die ist ein Zitat, das durchaus der halbgebildeten
Sphäre des Erzählers zuzutrauen ist, ganz im Gegensatz zu einem der
Motti des Romans, das Samuel Becketts *Der Namenlose* entnommen wurde, der als hermetischer Text sicherlich nicht dem geistigen Niveau des
dargestellten Salem-Schülers entspricht und im Übrigen auch von einem
zweiten Motto konterkariert wird: der Nonsens-Textzeile eines Popsongs.
Er übernimmt aber doch die Signalfunktion, dass es im folgenden Text
nicht nur um Werbung und Konsum gehen wird. Auch in *Soloalbum* wird
dem Roman ein eher abseitiges Zitat als Motto vorangestellt:

> »und du bist nicht da/und wenn du da wärst/könnt ich das nicht/
> schreiben./Jörg Fauser: ›Solo Poem‹« (Soloalbum: 5)

Diese Verse aus einem Gedicht des frühen Popliteraten Jörg Fauser sind
ebenfalls auf eine doppelte Signalwirkung hin berechnet, nämlich das
Folgende als ›Literatur‹ und zusätzlich als ›Pop‹ zu kennzeichnen. Darüber hinaus wird dieser Verweis aber auch auf der Ebene der fiktionalen
Welt der Romanhandlung durch die Lektürevorlieben des Ich-Erzählers
motiviert, der in einem noch viel stärkeren Maße als in *Faserland* als
gebildeter Leser eingeführt wird:

> »Mit 18 habe ich innerhalb weniger Wochen alle Bukowski-Bücher
> gelesen, die ich kriegen konnte, und ich konnte eine Menge kriegen,
> sogar alle, denke ich. Denn die gibt es alle bei dtv.« (Soloalbum: 152)

Auch in Krisensituationen behandelt der Erzähler Bücher als ›Lebensmittel‹. Selbst bei Liebeskummer würde er »gerne lauter sinnvolle Dinge
tun […], sogar auch zwei Bücher lesen« (Soloalbum: 44), während er über
seine Urlaubsplanung mitteilt:

> »Ich habe eine Woche Urlaub […]. An die Nordsee. Ich nehme 6 Bü-
> cher mit und alle schönen Pullover.« (Soloalbum: 123)

Wir erfahren vom Nordseeurlaub die angepeilte Lesefrequenz, die mit
knapp einem Buch pro Tag respektabel hoch ist, und es wird mitgeteilt,
dass Jörg Fauser zum Kanon des Ich-Erzählers gehört, der sogar eines
der Liebesgedichte Fausers abschreibt, um es seiner verflossenen Liebe
Katharina zu senden. Dies entspricht wiederum der Einsicht des Fauser-
Mottos in den paradoxen Charakter schriftlicher Kommunikation, die
die Abwesenheit des/der Begehrten voraussetzt, um dann medial ihre

Nähe imaginieren zu können – ein Einsicht, die seit der Empfindsamkeit die Mediologie des Briefverkehrs steuert:

> [Meine Schwester] »liest ein Fax (mal wieder!) von Katharina vor. Sie würde mich vermissen, schreibt sie. [...] Ich habe bei Fauser das ›Liebesgedicht‹ gefunden, vom 22. 11. 78. Das schreibe ich in Schönschrift auf.« (Soloalbum: 127)

Und direkt darauf findet sich dann auch der Brief des Ich-Erzählers in voller Länge mitsamt dem Gedicht abgedruckt. Der Erzähler traut seiner Geliebten und der Autor traut seinen Lesern offenbar zu, den zitierten Autor Fauser als Referenz für Pop und als Zeichen für Weltzugewandtheit lesen zu können. Vor diesem Hintergrund eines Autor-Namens, der als interne Losung verwendet wird, leistet sich Stuckrad-Barre ein ironisches Spiel mit dem aus der Literaturgeschichte bestens bekannten Motiv der ›Lektürereferenz‹:

> »Wir traten ans Fenster. Es donnerte abseitwärts, und der herrliche Regen säuselte auf das Land. [...] ich sah ihr Auge tränenvoll, sie legte ihre Hand auf die meinige und sagte ›Klopstock!‹ – Ich erinnerte mich sogleich der herrlichen Ode, die ihr in Gedanken lag, und versank in dem Strome von Empfindungen, den sie in dieser Losung über mich ausgoß. Ich ertrug's nicht, neigte mich auf ihre Hand und küßte sie unter den wonnevollsten Tränen.« (Werther: 27)

In diesem Ausschnitt aus Goethes *Werther* dient der Autorname »Klopstock« als Losung – die beiden jungen Menschen erkennen ihre Zusammengehörigkeit, weil sie beide die äußere Szenerie des Regens mit dem Gedicht *Frühlingsfeier* assoziieren und sich so miteinander und mit der beseelten Natur eins fühlen können. Der sichtbare Ausdruck dieses umfassenden sympathetischen Erlebens sind die vergossenen Tränen, in denen sich die Frau, der Mann und die göttliche Natur zu einem ›Strom‹ der Empfindsamkeit verflüssigen und sich zu vereinen scheinen. Die Flüssigkeitssubstanzen (Tränen und Regen) werden dabei in der empfindsamen Literatur als rein, edel und unkörperlich imaginiert und sofort in die immaterielle Sphäre des Auges verschoben:

> »Und [ich] sah nach ihrem Auge wieder – Edler! Hättest du deine Vergötterung in diesem Blicke gesehen, und möchte' ich nun deinen so oft entweihten Namen nie wieder nennen hören.« (Werther: 27)

Die sprachlose Blickkommunikation transzendiert dabei alle materiellen Konnotationen der Flüssigkeiten und verschiebt diese in den Bereich des

Un- bzw. Überkörperlichen. Die empfindsamen Sublimierungsstrate-
gien des erotischen Verschmelzens erlauben es dabei, auch im kommu-
nikativen Akt der face-to-face-Situation vom Körper der/des anderen
dauerhaft abzusehen. Ganz anders die Popliteratur:

> »Drumherum lese ich die 2001-Gesamtausgabe von Jörg Fauser und
> onaniere in den Dünen, das macht großen Spaß.« (Soloalbum: 126)

Auf eine solcherart provokante Weise wird in der Popliteratur die die
Empfindsamkeit bestimmende Verdrängung gespiegelt und ersetzt durch
eine Strategie der Verschiebung: Das heißt, dass nicht mehr eine Verede-
lung eines Begehrens ins Unkörperliche stattfindet, sondern die ersatzwei-
se körperliche Einlösung eines geistigen Wunsches. Nicht das Begehren
der Anwesenden sondern die Sehnsucht nach der Abwesenden ist das
Problem. Und der Erzähler reagiert auf diese Abwesenheit eben nicht mit
sexueller Enthaltsamkeit und deren Sublimation – etwa im Schreiben –
sondern zunächst mit einer autoerotischen Ersatzhandlung. Erst durch
ihre spätere briefliche Kontaktaufnahme wird er zu einer schriftlichen
Reaktion inspiriert. Ihm genügt allerdings die kommunikationstechnolo-
gisch erzeugte Nähe nicht – möglicherweise weil es sich nicht um den
direkten handschriftlichen Abdruck der Herzensschrift der Geliebten mit
Tinte auf Papier handelt, sondern um das Produkt komplex gestaffelter
Kopierverfahren: die Handschrift der Geliebten wurde nämlich zunächst
im sendenden Faxgerät digitalisiert, dann auf Empfängerseite rücküber-
setzt und als Kopie ausgedruckt und ihm dann von der eigenen Schwester
in Form gesprochener Sprache präsentiert, die allerdings per Telefon über-
mittelt und daher nochmals technisch en- und wieder decodiert wird.
Trotzdem fällt seine spontane Reaktion auf ihre Mitteilung sehr eupho-
risch aus: Zum einen schickt er ihr eine Abschrift des besagten Liebesge-
dichts seinerseits per Fax zu. Er verschweigt ihr allerdings, dass er sich bei
seiner Fauser-Lektüre keinesfalls mit der bloßen unkörperlichen Imagi-
nation ihrer Nähe begnügt hat. Die Komplizenschaft des Erzählers mit
dem Lesepublikum geht ja so weit, dass er indiskreterweise auch seinen
Liebesbrief in voller Länge mitteilt. Und auch sonst ist seine Reaktion auf
ihre Mitteilung keineswegs von stiller Seligkeit geprägt:

> »Ich renne aufgescheucht über die Insel, gehe abends wieder tanzen
> und küssen und bin froh. Nun endlich kommt sie zur Besinnung.«
> (Soloalbum: 127)

Die Namen der beiden Autoren Klopstock und Fauser werden hier noch
in einem weiteren Sinne als »Losungen« lesbar: Beide sind durchaus als

Vorbild-Figuren literarischer Strömungen (des Göttinger Hains bzw. der Neuen Deutschen Popliteratur) einstufbar. Während aber in Klopstocks christlich inspirierten Werken das Leben des Menschen hin zum Göttlichen der Schöpfung transzendiert wird und erst dort seine sinnhafte Erfüllung findet, ist Fauser ein Autor der Präsenz des Begehrens, des Rauschs und der libidinösen Einlösung in der gelebten Gegenwart und mithin das personifizierte Gegenteil christlich motivierten Triebverzichts. Insofern ist dann auch die autoerotische Handlung ein Akt der Nicht-Entsagung angesichts der Abwesenheit der Geliebten und durchaus in Übereinstimmung mit dem Losungswort »Fauser« zu bringen – insbesondere der Selbstkommentar (»das macht großen Spaß«) ist eine wunderbar unmoralische Volte gegenüber verschämten wie auch überhöhten Onanie-Szenen in der Hochliteratur, gegenüber denen das schlicht-direkt »großen Spaß« gekonnt provokant wirkt.

Was die grundsätzliche Vergleichbarkeit der Texte angeht, ist Katharina Rutschkys Analyse zuzustimmen, die den Erstling von Benjamin von Stuckrad-Barre in die Traditionslinie mit Goethes Debütroman stellt. Sie ergänzt diese Linie einerseits um die ebenfalls als Erstlingsromane erschienenen Bücher von Christian Kracht und Alexa Hennig von Lange und erweitert die Liste andererseits um J. D. Salinger, Raymond Radiguet, Françoise Sagan oder Klaus Mann, wobei es aber der *Werther* ist, der als das alle anderen Texte dominierende »Urbild des Popromans«[20] eingestuft wird. Nicht nur die Jugendlichkeit der Autoren, auch die systematische Verwischung der Grenze zwischen Erzähler-Ich und Autor, sowie das damit etablierte Identifikationspotential werden von ihr hervorgehoben. Insbesondere vergleichbare Abwehrgesten und Ressentiments sind gegenüber einer solchen Generationenliteratur zu beobachten, aber gerade diese werden von Rutschky zu Recht als Zeichen für eine erfolgreiche Etablierung von generationsspezifischen Innenräumen gewertet, die von Losungsworten geschützt werden; lauten diese nun »Klopstock«/ »Fauser« oder: »Ossian«/»Oasis«. Denn auch bei diesem zweiten Paar kann, ausgehend vom fast anagrammatischen Charakter der Namen, eine gezielt konstruierte Analogie angenommen werden. In beiden Fällen spielt etwa das Motiv der intensiven Textkenntnis/Übersetzungsleistung eine wichtige Rolle:

Goethes Werther bekommt ausgiebig die Gelegenheit, seine Angebetete mit seiner textsicheren Dichterverehrung zu beeindrucken, denn auch der zweite dramatische Höhepunkt in dieser Geschichte einer Seelenverwandtschaft – der finale Kuss – wird literarisch vermittelt: Werther muss Lotte seine Ossian-Übersetzungen vorlesen, um der drohenden Übermächtigkeit des wechselseitigen Begehrens zumindest kurzzeitig etwas entgegenzusetzen:

> »Er lächelte, holte die Lieder, ein Schauer überfiel ihn, als er sie in die Hände nahm, und die Augen standen ihm voll Tränen, als er hineinsah.« (Werther: 108)

Die folgende gemeinsame Lektüre etabliert eine wechselweise Identifikation von gesprochenem Wort, übersetztem Sinn und emotionaler Teilnahme durch Vorleser und Zuhörerin und führt schließlich zu einem kurzen Moment der körperlich-erotischen Nähe:

> »[...] ihre glühenden Wangen berührten sich. Die Welt verging ihnen. Er schlang seine Arme um sie her, preßte sie an seine Brust und deckte ihre zitternden, stammelnden Lippen mit wütenden Küssen.« (Werther: 115)

In der Konstruktion des Romans ist es dieser kurze Moment der Ent-Sublimation, der als Auslösereiz für die endgültige Trennung und damit auch für den folgenden Selbstmord inszeniert wird. Auf dieses Szenario einer Abkehr vom Leben im Zeichen Klopstocks antwortet der weltzugewandte Pop-Roman im Zeichen Fausers mit einem spiegelbildlichen Gegenmodell einer verschwenderischen Hingabe an das Leben.

Es ist ein Oasis-Konzert, das dramaturgisch analog zur Ossian-Szene platziert wird, aber dem Helden gerade nicht aus der Welt heraus, sondern endgültig zurück ins Leben hinein hilft. Nicht mit der geliebten Frau werden die zu übersetzenden englischen Texte in die Mündlichkeit überführt, sondern es sind von Männern gesungene, elektronisch verstärkte Lieder, die in einem kollektiven Rausch von der Menge bzw. in der Teilmenge eines Freundeskreises und dem Helden mitgesungen werden. In einer etwas früheren Szene hatte der Erzähler als Fan-Tourist vor der Villa des Oasis-Sängers zwei Mädchen beobachtet, die einige Textzeilen auf den Bürgersteig schreiben:

> »Die beiden sind natürlich vollkommen textsicher, also das wär's ja, denen jetzt aushelfen zu können. Ist aber nicht nötig, und zack, steht da vor Noels Haus diese phantastische Passage aus dem großartigen *Champagne Supernova* auf dem heiligen Pflaster.« (Soloalbum: 183 f.)

Ganz im Gegensatz zu Werther wird Stuckrad-Barres Erzähler die Gelegenheit zum Brillieren verweigert: Offenbar hat der bürgerliche Held seine Funktion verloren, da es kein hilfloses weibliches Gegenüber mehr gibt, dem er die Gesänge vorsprechen könnte, da diese eben selbst »text-

sicher« sind. Gerade damit wird aber andererseits den Männern ein
entpathologisierter Raum einer entsexualisierten Körperlichkeit im
gleichgeschlechtlichen Miteinander des Konzerterlebnisses eröffnet, der
zumindest in der Literatur eine durchaus euphorisierende Wirkung zu
haben scheint: Von dem sonst alles bestimmenden Zwang zur markanten
Individualität befreit, wird bezeichnenderweise die Konzert-Passage
plötzlich auch in der Wir-Form erzählt. Der Held ist in einen zwischen-
menschlichen, materialen und akustischen Entgrenzungs- und Ver-
schmelzungszustand mit der Menge, dem Matsch und der Musik versetzt
worden, durch den ihm in einem abschließenden Ritual die letzte Ju-
gendliebe ausgetrieben wird. Der Erzähler endet also nicht in der Verweigerung des Erwachsenseins um den Preis des Selbstmordes, sondern
schließt mit einer modernisierten Variante der ›Rites de Passage‹ seine
Adoleszenzphase und damit auch den Roman ab. Symptomatisch wird
am Ende des Konzerts eine Art Inventur gemacht, die Überreste seines
bisherigen Lebens begutachtet und als reif für die Entsorgung dekla-
riert:

> »Hinterher, viel später, in einer anderen Zeitrechnung, in der Stunde
> soundso nach Oasis, werden wir bemerken: Uhr verschrammt,
> Schlüssel weg, Hose schmutzig, Schuhe nicht wiederzuerkennen, und
> das T-Shirt – this one's for die Müll.« (Soloalbum: 242)

Eine Analyse der intertextuellen Bezugnahmen zeigt also, dass es sich
weder bei *Faserland* noch bei *Soloalbum* lediglich um Plagiate amerikanischer Popliteratur handelt, sondern um prototypische Popromane, deren Referenzketten bis in die Höhenkammliteratur von Goethes *Werther*
zurückreichen. Und es muss darauf hingewiesen werden, dass in der Traditionslinie der Popliteratur selbst die Strategie der intertextuellen Bezugnahme ein von Beginn an bestens eingeführtes Stilmittel ist.

Insbesondere ein weiterer englischsprachiger Autor ist in dieser Hinsicht für die Neue Deutsche Popliteratur von großer Bedeutung: Douglas Coupland und sein Porträt der *Generation X*. Es widmet sich einerseits dem schon beschriebenen Prinzip der Archivierung der
Alltäglichkeiten der Warenwelt (Vgl. Kapitel 3), betreibt aber des Weiteren eine intensive Auseinandersetzung mit der literarischen Tradition.
Seine eingängige Schilderung der Verletztheiten einer Gruppe von jungen Erwachsenen schreibt sich ein in die großen abendländischen Tra-
ditionslinien des erzählten Geschichtenerzählens vom *Dekamerone* bis
hin zu Brechts *Flüchtlingsgesprächen*. Auch bei Coupland zieht sich eine
Gruppe von Erschöpften und Lebensmüden in einen geschützten Raum

abseits der bedrohlichen/bedrohten Gesellschaft zurück und unterhält bzw. erhält sich mit dem Erzählen von Geschichten.

>»Wir leben unser kleines Leben an der Peripherie, wir sind an den Rand gedrängt, und es geht etwas Wichtiges vor, an dem wir lieber nicht teilnehmen wollen. Wir haben Stille gesucht, und jetzt haben wir diese Stille. [...] Es ist ganz einfach: Wir lassen uns Geschichten einfallen und erzählen sie einander.« (Generation X: 23-25)

Die tödliche Leere des Draußen entsteht bei Coupland aber auch in der Neuen Deutschen Popliteratur durch die ubiquitär gewordene Präsenz der Shopping-Malls und der prekären Perspektivlosigkeit einer mit »Mc-Jobs« vergeudeten Jungend. Ein solcher Versuch durch das exzessive Gruppengespräch eine gemeinsame Weltdeutung im geschützten Raum des sozialen Verbands der Generation zu erzeugen, wird insbesondere auch in *Tristesse Royale* und in Ansätzen in *Relax* präsentiert. Die existenzielle Perspektive dieser konstruierten Erzählsituation in einer Gruppe mit wechselnden Sprechern und wechselseitiger Kommentierung wird in ihrer ganzen Tragweite erst bei einer Einordnung in den kulturellen Horizont der zyklischen Rahmenerzählung lesbar – im Sinne einer sprachlichen Bannung der äußeren Gefährdungen, die oft mit einem Rückzug in geschützte Räume einhergeht, in das Obergeschoss des Wirtshauses im Spessart ebenso wie in eine Suite des Hotels Adlon. Wiederum erweist sich hinter der offensichtlichen Referenz auf amerikanische Vorbilder die alteuropäische Tradition als überaus wirksam.

Dieses Motiv der räumlichen Statik ist allerdings in der Popliteratur im Allgemeinen eher selten. Tatsächlich zeichnen sich die popliterarischen Helden eher durch einen erstaunlich hohen Mobilitätsgrad aus, der oft mit der Darstellung einer Phase lebensweltlicher Neuorientierung parallelgeführt wird. Damit rücken Romane wie *Faserland*, *Soloalbum*, *Livealbum* oder *1979* aber auf einer strukturellen Ebene der Handlung in die Nähe zu einem weiteren Genre – dem Reiseroman. Durch Film und Fotografie werden heute auch die entferntesten Gegenden zur Anschauung gebracht und der Massentourismus hat dem Reisen seinen elitären Status genommen. Da also die historisch geprägte Funktion der Reiseliteratur als schriftsprachlicher Bericht über ferne Gegenden, die das Lesepublikum selbst weder sehen noch besuchen kann, von der Gegenwartsliteratur nicht mehr sinnvoll zu besetzen ist, muss in der Beweglichkeit der Figuren offenbar noch ein anderes dramaturgisches Potential liegen. Die Texte konzentrieren sich tatsächlich auf das, was als sekundäre Funktion im Reiseroman immer auch mit-erzählt wurde. Wie verändert sich ein Individuum durch die Bewegung im Raum, durch die Beschleunigung seiner Lebensumstände und durch die Konfrontation mit dem Fremden und welche Reifungsprozesse werden hier möglicherweise angestoßen?

Eben von diesen Bildungsgeschichten handeln die Texte. Allerdings macht ein Vergleich mit Eichendorffs *Aus dem Leben eines Taugenichts* oder mit Novalis' *Heinrich von Ofterdingen* schnell deutlich, dass die Helden der Gegenwart nicht mehr von einem geheimen Plan des Schicksals geleitet werden. Die romantischen Jünglinge konnten sich in der Literatur dagegen immer sicher sein, dass sie auf die eine oder andere Art zurück in die Ordnung bzw. ganz einfach nach Hause geführt würden. Das ziellose Schweifen war dabei eher ein Ausweis in die vertrauenswürdige Kraft der Ordnung der Dinge. Dass dieser Gewissheitsvorschuss ganz und gar gerechtfertigt ist, fand seinen sinnfälligen Ausdruck darin, dass der (romantische) Reiseroman am Ende immer von der Heimkehr oder einem Transzendierungsschub berichten kann. Die Rückkehr des Taugenichts zur geliebten Aurelie findet ihre metaphysische Entsprechung im Übergang in die symbolische Einheitsphantasie von *Klingsohrs Märchen*.

Die erlösungsbedürftigen Helden der Neuen Deutschen Popliteratur finden aber eben keinen Zauberer mehr, der ihnen ihr Schicksal zeigt. Entweder finden sie auf dem Friedhof von Kilchberg kein Licht, das ihnen den Weg zum Grab von Thomas Mann weisen könnte, oder sie machen sich tatsächlich auf den Weg zu einem heiligen Berg, werden aber nach dessen Umrundung gefangen gesetzt. Und selbst die totalitären Umerziehungsmaßnamen in einem chinesischen Straflager führen nur bedingt dazu, dass der Held eine Ordnung finden würde.

Am deutlichsten wird dies durch die lineare Struktur der Raumbewegung in der Popliteratur, die in der Romantik immer in eine Kreisform abgebogen worden wäre – in der Popliteratur finden die Helden aber eben nicht wieder nach Hause. Bei Stuckrad-Barre wird zwar in *Livealbum* noch ironisch mit dem Motiv gespielt – wenn der Ich-Erzähler mit einem Buchhändlerehepaar *Siedler von Catan* spielt und ebenso im Moment seiner tatsächlichen Rückkehr nach Hause von der Lesereise, wenn er nur schnell wieder weg will und dann auch tatsächlich Christian Kracht in Asien besucht.

Dessen Helden wiederum bleiben, wie schon erwähnt, unerlöst irgendwo auf halber Strecke liegen, orientierungslos mitten auf dem Zürichsee oder verschollen in einem chinesischen Lager.

Und selbst der von der ›Kleinen‹ so sehnsüchtig erwartete Chris findet seinen Weg nach Hause nur, um beim ersten Anlass möglichst schnell

wieder zu ›den Jungs‹ zu gehen und dann aber gar nicht mehr nach
Hause zu kommen, obwohl es dort doch eine geliebte Frau geben würde.
Stattdessen stirbt der männliche Held den Tod des Rockstars – er ver-
dämmert an einer Überdosis auf dem Parkplatz vor der Disco. Dass sich
die Liebenden nun aber doch gerade in diesem Moment zufällig treffen,
kann einerseits als eine ironische Reminiszenz an das geordnete narrative
Weltbild der Romantiker gelesen werden. Vergleicht man die Szene allerdings mit ihrem anderen großen literaturhistorischen Vorbild, nämlich der Schlusspassage von Schnitzlers *Fräulein Else*, wird klar, dass es
sich hier doch gerade um die Verweigerung von Transzendenz handelt:

Dieser Text des Fin de Siècle bezieht seinen ästhetischen Reiz gerade
daraus, dass das Sterben einer jungen Frau aus einer radikal subjektiven
Perspektive geschildert wird. Das Vergehen ihres Bewusstseins in die
Sprachlosigkeit und die semantische Leere des Todes ist bei Schnitzler aber
noch immer lesbar als ein Übergang in eine jenseitige Welt, eine Welt
jenseits der bürgerlichen Doppelmoral, eine Welt der zu imaginierenden
Freiheit, die weder semantische noch moralische Grenzen mehr kennt:

> »Ich habe Veronal getrunken. Es ist gut. Ich werde sterben. Gott sei
> Dank. [...] Wo bist du denn, Paul? Fred, wo bist du? Mama, wo bist
> Du? Cissy? Warum laßt Ihr mich denn allein durch die Wüste laufen?
> Ich habe ja Angst so allein. Ich werde lieber fliegen. Ich habe ja gewußt,
> daß ich fliegen kann.
> ‚Else!’ ...
> ‚Else!’ ...
> Wo seid Ihr denn? Ich höre Euch, aber ich sehe Euch nicht.
> ‚Else!’ ...
> ‚Else!’ ...
> ‚Else!’ ...
> Was ist denn das? Ein ganzer Chor? Und Orgel auch? Ich singe mit. Was
> ist es denn für ein Lied? Alle singen mit. Die Wälder auch und die Berge
> und die Sterne. Nie habe ich etwas so Schönes gehört. [...] Sie rufen von
> so weit! Was wollt Ihr denn? Nicht wecken. Ich schlafe ja so gut. Morgen
> früh. Ich träume und fliege. Ich fliege ... fliege ... fliege ... schlafe und
> träume ... und fliege ... nicht wecken ... morgen früh ...
> ‚El...’
> Ich fliege... ich träume... ich schlafe... ich träu... träu – ich flie......«
> (Frl. Else: 78, 80-81)

Bei Hennig von Lange wird das Publikum dagegen lediglich mit der
Sprachlosigkeit eines Raver-Pärchen konfrontiert. Durch die Verdopp-

lung der Ich-Perspektive wird nämlich klar, dass es den Protagonisten nicht mehr gelingt, eine kommunikative Verbindung herzustellen. War die Heldin Schnitzlers qua Medium alleine, könnte bei Hennig von Lange die Konstruktionsweise des Romans eine letzte symbolische Einheit der Liebenden vorstellbar machen. Aber gerade durch seine intertextuelle Einschreibung in den literaturhistorischen Horizont verweigert er diese Hoffnung:

> »Meine Kleine, streicht mir das Haar aus meiner Stirn. Von vorne nach hinten. Meine Kleine. Meine Kleine. Ich habe Angst, meine Kleine.
> ,Chris! Rede mit mir!'
> , …!'
> ,Chris! Das ist nich lustig!'
> [...]
> ,Chris! Ich liebe dich, mach die Augen auf, hier is deine Kleine!'
> , … '
> ,Chris! Chris! Chris!'
> , … '
> ,Chris? … Ich liebe dich! … Hier is deine Kleine!'
> , … '« (Relax: 133)

Literatur

Mielke, Christine: Zyklisch-serielle Narration. Erzähltes Erzählen von 1001 Nacht bis zur TV-Serie, Berlin, 2006.

Wegmann, Nikolaus: Diskurse der Empfindsamkeit. Zur Geschichte eines Gefühls in der Literatur des 18. Jahrhunderts, Stuttgart, 1988.

Krankheit, Tod und die letzten Dinge

- *Die Neue Deutsche Popliteratur hat – entgegen der klischeehaften Vermutung – nicht nur Oberflächlichkeiten zum Inhalt, sondern thematisiert in hohem Maße auch existenzielle Fragen.*
- *Die Körperlichkeit ist ein wichtiger Aspekt der Neuen Deutschen Popliteratur, insbesondere die krankmachende Auswirkung der kapitalistisch organisierten Gesellschaft durch den Zwang zur optimierten individuellen Leistungsfähigkeit und Flexibilität wird oft sehr drastisch dargestellt.*
- *Die totale Sicherheit der bürgerlichen Existenz wird als Ursache für ein Gefühl des Realitätsverlustes präsentiert, das erst durch Einbrüche von Gewalt und Tod wieder mit einem Anderen konfrontiert wird, was unter Umständen sogar als befreiend empfunden wird.*

In der Ausgabe *Tod und Literatur* der Zeitschrift *Der Deutschunterricht* hat Hans-Peter Schwander darauf hingewiesen, dass in signifikant vielen Romanen der Neuen Deutschen Popliteratur die Heldinnen und Helden mit Tod, Krankheit und Zerstörung konfrontiert werden, obwohl dies zunächst

>»im Widerspruch zu der lustvollen Grundstimmung des Pop zu stehen [scheint]. Dennoch fällt auf, dass viele Texte das Thema handlungskonstituierend aufnehmen, mehrere enden – gegen die Plausibilität einer Ich-Erzählsituation – mit dem Tod des Protagonisten. Der Topos der Spaßkultur lässt sich vor diesem Hintergrund nicht halten.«[21]

Nicht nur der Drogentod von Chris in *Relax* ist hier zu nennen, auch Christian Krachts Helden geraten wie in *1979* in Extremsituationen bzw. erleben solche bei anderen mit, wie in *Faserland*. Auch diese Tendenz zum Grenzgängertum ist im Zusammenhang mit den amerikanischen Vorbildern und dabei besonders mit Bret Easton Ellis zu sehen.

Auf deutscher Seite ist es aber mit Sibylle Berg eine Autorin, die den Stoffkomplex ›Tod und Gewalt‹ am massivsten ins Zentrum ihrer Destruktionsästhetik stellt. Exemplarisch soll hier auf den Roman *Sex II* eingegangen werden: Die Plausibilisierung der Rahmenkonstruktion gründet sich auf der Fiktion eines Wahrnehmungsdefekts: Eine Erzähler- bzw. Reflektorfigur wird plötzlich in die Lage versetzt, ›alles‹ wahrzunehmen. Sie kann durch Hauswände sehen, die Gedanken der Menschen lesen und sieht sich so mit einem Schlag konfrontiert mit einer zunächst kaum zu verarbeitenden Vielzahl von Informationen. Vor allem aber ist für diese Figur damit jeglicher schützender Schleier vor dem Grauen der Welt bzw. einer heutigen Großstadt weggezogen. Gnadenlos liegen auch die schrecklichsten Dinge vor ihr – das Verborgene ist ihr und damit auch dem Lesepublikum offenbar. Auf dieser Basis entfesselt Berg eine Kaskade von Scheußlichkeit in einer moralisch enthemmten Welt. Sie zeichnet ein geradezu barockes Bild einer dissozialisierten Gesellschaft, in der jegliches Mitgefühl einer brutalisierten Form radikalen Eigennutzes gewichen ist – eine zerfallende Welt, in der sich die Einzelnen einer katastrophalen transzendentalen Obdachlosigkeit ausgeliefert sehen. Die gnadenlos direkte Prosa, mit der Berg dies schildert, ist das Ergebnis einer additiven Strategie, die in einer weitgehend unverbundenen Kapitelabfolge Grauen und immer neue Schocks erzeugt. Ihre Prosa ist dabei einerseits am stilistischen Duktus der Meldungen aus dem Ressort ›Vermischtes‹ einer Tageszeitung geschult. Bergs Strategie besteht andererseits darin, die ganze Geschichte hinter diesen Meldungen zu rekonstruieren, die Frage nach den treibenden Handlungsmotiven narrativ auszuspinnen und dann dieses Material komprimiert zu präsentieren. Durch dieses Verfahren gelingt es ihr, die Banalität des faktischen Grauens der modernen Metropolen einzufangen und es in kühler Oberflächenprosa ohne jegliche psychologisierende Einfühlung höchst wirksam darzustellen. Zwischen dem Wissen um die Faktizität solcher Ereignisse und ihrer Unerträglichkeit gefangen, reproduziert der Roman den Effekt der massenmedialen Konstruktion einer feindlichen Umwelt.

Im Bildmodus von Oberfläche und Tiefe ausgedrückt, zeigt Berg hinter den wahrnehmbaren Oberflächen der Straßen, der Häuser und der Menschen den Schlamm im Untergrund der Kanalisation, die Gewaltorgien hinter verschlossenen Türen und die amorphe Masse aus Blut, Schleim und Fäkalien, die sich hinter der dünnen Haut des menschlichen Körpers verbirgt. Gerade indem sie dies kontrastiv zu den glatten Oberflächen setzt und eine Sprache wählt, die zwischen Außen und Innen keinen Unterschied macht, rekonstruiert sie die Verdrängungseffekte, die unsere konsumistische Warenwelt erst ermöglichen. Sie schildert damit nicht nur die Wünsche und die Objekte dieser Begierden, sondern auch

den damit erzeugten Brutalisierungsschub im Sozialen, der das Klischee
von Popliteratur gleichzeitig erfüllt und negiert. Gesteigert wird dieser
sich selbst unterlaufende popliterarische Effekt dadurch, dass Berg die
Auswirkungen der durchkapitalisierten Warenwelt wiederum nicht im
Abstrakten einer Tiefenanalyse sucht, sondern dass sie die Wirkungen
im Konkreten, auf der Oberfläche zeigt:

> »Tricia sieht gut aus und hat vor kurzem den Entschluß gefasst, sich
> nur noch an reiche Männer zu verkaufen. Der ganze Mist mit Liebe
> hatte sich nicht rentiert. [...] Tricia will einen reichen Mann. Sie wird
> ihn nicht lieben, wird keinen mehr lieben, wird vielleicht das Leben
> besser ertragen, mit seinem Geld. (Sex II: 155 f.)

Ganz im Gegensatz zum dominierenden Bild einer Literatur der Reichen
und Schönen sind es also die Pathologien und Verletzungen, die die
Popliteratur bei ihren Beobachtungen des Alltags in der Konsumgesellschaft in den Blick nimmt.

Auch schon scheinbar gewaltfreie Texte wie *Tristesse Royale* machen
mit der hässlichen sozialen Realität kleinbürgerlicher Hassphantasien
ernst, indem sie sie durch die Affirmation des Überflusses und eine kühl
kalkulierte, dekadente Geste gezielt provozieren und so das selten gewordene Gut einer hoch emotionalisierten medialen Aufmerksamkeit an
sich binden. Am unverblümtesten wurde die reflexhafte Abwehrreaktion
wohl bei André Thiele in einem *Porträt* von Alexander Graf von Schön-
burg-Glauchau formuliert, das ganz ›standesgemäß‹ in der altehrwür-
digen Institution der bundesrepublikanischen Linken, in der Zeitschrift
konkret publiziert wurde:

> »Joachim Bessing [...] will Glauchau warnen und an die Bestimmung
> aller Aristokraten erinnern: ›Ich hatte heute [...] eine Fantasie [...].
> Also wir sahen Alexander von Schönburgs Kopf, der abgeschnitten
> auf einer Stange von den Massen durch Berlin-Mitte getragen wurde.‹
> Ich kenne diese Vision. – Glauchau poussiert: ›Das wäre für mich das
> schönste Kompliment.‹ Dem Manne kann geholfen werden.«[22]

Auch Georg Seeßlen formuliert die Lust und die Hoffnung auf den so-
zial-revolutionären Gegenschlag gegenüber der Popliteratur; zwar etwas
eleganter, aber in der Sache nicht weniger pointiert:

> »Was uns freilich im Neoliberalismus nicht überraschen darf, ist der
> Umstand, daß die Popliteratur [...] eher von oben kommt, sie spielt
> in der Welt der Gewinner, und das ist auch gut so. Denn diese Art von

Literatur provoziert förmlich den Gegenschlag von unten. Sie ist, auch wenn sie das nicht weiß, auf eine merkwürdige Weise erlösungssüchtig.«[23]

Wer nicht weiß, dass er erlöst werden will und dies vermutlich – auch in Kenntnis gesetzt – immer noch nicht wollte, ist tatsächlich auf eine ›merkwürdige‹ Weise erlösungssüchtig: nämlich gar nicht. Hier muss die Frage gestellt werden, ob es sich bei den zitierten Aussagen nicht ganz einfach um legitimatorische Projektionen handelt. Bei dieser angeblich naiven Sehnsucht der Popliteraten nach einer Erlösung handelt es sich bei genauerer Lektüre nämlich entweder um eine ironisch zitierte Geste oder aber sie ist nicht als Apologie, sondern nur als nüchterne Bestandsaufnahme lesbar. So ist etwa der gescholtene Alexander von Schönburg auch mit folgender Diagnose aus *Tristesse Royale* zitierbar:

> »Schönburg: [...] Unsere einzige Rettung wäre eine Art Somme-Offensive. Unsere Langeweile bringt den Tod. [...] Junge Menschen sehnten sich nach Aufregung, nach Heldentum, ja, Heldentod letztendlich. Ich habe kürzlich wieder einen grauenhaften Bericht über diese Somme-Offensive gelesen, wie diese jungen Leute zu Hunderttausenden in die Schützengräben zum Sterben geschickt wurden. In einer ganz ähnlichen Verfassung befindet sich unsere Generation heute.« (Tristesse Royale: 137 f.)

Die Sehnsucht nach einer Somme-Offensive steht eben im Imperfekt (»sehnten« und nicht: »sehnen« – wie Thiele verfälschend zitiert) und auch der nächste, relativierende Satz hätte der Fairness halber mitzitiert werden müssen. Denn im vollständigen Wortlaut lässt sich Schönburgs Äußerung auch als ein Ausdruck gesteigerter Melancholie in der Geste der wiederholten ›Dekadenz‹ lesen und nicht notwendigerweise als eine martialische Aufforderung zur ›befreienden‹ Tat, wie es der verstümmelte Auszug Thieles nahe legt:

> »›Unsere Einzige Rettung wäre eine Art Somme-Offensive‹, sagt er, und ich wette, viele andere als er werden bald ausprobieren können, wie es gemeint war, denn ›Junge Menschen sehnen sich nach Aufregung, nach Heldentum, ja, Heldentod letztendlich‹. Wird Glauchau dabei sein? Sicher, wenn es ein Kriegspressequartier hat.«[24]

In der spiegelbildlich ergänzenden Diagnose wird auch von der Popliteratur eine pathologische Gesellschaft der arbeitenden Befehlsempfänger beschrieben, in der die Individuen die Effekte der Beschleunigung des globalisierten Kapital- und Informationsflusses ertragen lernen müssen.

Sie geraten dabei unter einen erhöhten Anpassungsdruck, den gerade die Popliteratur aufmerksam registriert. Immer mehr und immer komplexere Geld-, Schrift- und Bildinformationen müssen verarbeitet und interpretiert werden. Dem Subjekt bleibt keine Zeit mehr, sich zu sammeln und das Wahrgenommene angemessen zu verarbeiten. Es wird stattdessen gezwungen, sich der Informationsbrocken so schnell als möglich wieder zu entäußern.

Zwar wird dieser Prozess auch direkt angesprochen – meist aber in Form von Körpermetaphern literarisch bearbeitet. Insbesondere die Nahrungsaufnahme wird für die popliterarischen Helden und Heldinnen zu einem stark pathologisierten Feld. Der ›Normalfall‹ ist nicht mehr eine kontinuierliche und genussreiche Aufnahme von angemessenen Lebensmitteln, sondern es dominiert die Form punktueller, scham- und schuldbesetzter Akkumulation ungesunder Produkte – oftmals gefolgt von eruptiven Entäußerungen des gerade Aufgenommenen. So wie sich die Informationen nicht setzten dürfen, so wie das Kapital nicht stillstehen darf, ebenso haben die popliterarischen Helden das Verbot einer dauerhaften Nährstoffspeicherung des Körpers offenbar internalisiert:

> »Wenn es ihr nicht gelang, sich zu erbrechen, würde alles, was sie in sich hineingestopft hatte, ihn ihrem Magen bleiben. Es würde durch die Blutbahnen wandern, durch Zellwände diffundieren, es würde die Fettzellen bis zum Rand füllen, und dann würden sich neue Fettzellen bilden, die nie wieder weggingen.« (Regenroman: 70)

Die universal gewordene Bulimie verliert dabei allerdings auch ihre aristokratische Note: Zu Thomas Manns Zeiten war Krankheit als Dauerzustand noch der Luxus einer elitären bürgerlichen Schicht, den man sich auch leisten können musste und den man auch nur im Rückzugsgebiet des *Zauberbergs* kultivieren konnte. Dagegen sind die heutigen Helden krank vor quasi-proletarischen Funktionszwängen – und die Literatur beschreibt die pathologische Rückprojektion dieser ökonomischen Zirkulationszwänge auf den eignen Körper. Besonders auffällig an diesem Bild einer umfassend gewordenen Essstörung ist ihre detailreiche Präsenz im literarischen Text, der sich nicht darauf beschränkt, die vornehme Verweigerung von Nahrung zu schildern, wie etwa Goethes Ottilie in *Die Wahlverwandtschaften*. Stattdessen werden auch die unappetitlichen Details der Entäußerung schon aufgenommener Lebensmittel drastisch geschildert:

> »Sie stieß sich den Finger erneut in den Rachen, wühlte auf diesem kleinen Deckel herum, der abwechselnd Speiseröhre und Luftröhre ge-

schlossen hielt. [..] Mit dem nächsten Rülpser erbrach sie die Banane.
Eine halbe Nuß geriet dabei in ihren Nasengang. Es schmerzte, aber
wenn sie jetzt eine Pause machte, um die Nuss herauszuholen, mußte sie
hinterher wieder ganz von vorne beginnen, die Übelkeit neu aufbauen.
Sie steckte den Finger wieder in den Hals. Ein Schwall brauner Flüssig-
keit schoß aus ihrem Mund. Noch ein Schwall. Es war wichtig, viel Cola
zu trinken, wenn man sich erbrechen wollte.« (Regenroman: 70 f.)

Über diese nur punktuelle Entäußerung der Heldin des *Regenromans*
hinaus, bleibt das Motiv in Karen Duves Werk dauerpräsent. Im ›Anti-
Bildungsroman‹ *Dies ist kein Liebeslied* wird etwa das Auf und Ab des
Körpergewichts der Heldin gar zum zentralen Movens der Geschichte,
die eben von diesem Kampf um ein liebenswertes Äußeres erzählt – und
vom Scheitern der Heldin, die schließlich dick und ungeliebt endet.

Die zweite große Innovation der Neuen Deutschen Popliteratur in Bezug
auf dieses Thema ist die realitätskonforme Beobachtung, dass Bulimie ge-
genwärtig im Bereich des Männlichen angekommen ist. Man könnte sogar
etwas überpointiert formulieren, dass die Neue Deutsche Popliteratur beginnt, als es dem männlichen Ich-Erzähler von Christian Krachts *Faserland*
nach der zweiten Portion Scampi bei Fisch-Gosch auf Sylt schlecht wird. Er
selbst kann sich in dieser Szene zwar gerade noch beherrschen, dafür beobachtet er kurz darauf, wie ein anderes Mitglied der Sylter Gesellschaft

»auf die Tür seines maulbeerfarbenen Porsche-Cabrios kotzt, wäh-
rend er versucht, den Wagen aufzuschließen. [...] Aha, ein Werber.
Das muß man sich mal vorstellen: Ein maulbeerfarbener Porsche.«
(Faserland: 21)

In Benjamin von Stuckrad-Barres *Livealbum* wird der krankmachende
Mechanismus, dem sich der Ich-Erzähler ausgesetzt sieht, noch direkter
zur Darstellung gebracht: Der an sein Körperbild gebundene Jungautor
hält den Druck des Leitmediums Fernsehen nicht stand – und betäubt
sich zunächst mit großen Zuckermengen in Form von Schokoküssen, die
er dann aber auch gleich wieder von sich gibt:

»[...] Noch tiefer ins Klo beugen, Finger jetzt in den Hals, es passiert
nicht. Richtig hinten rein, vielleicht zwei Finger. Waren das die Man-
deln? Das tat weh, das schien der richtige Weg? Krampf. Oh ja, es
zuckte. Es ging, es kam, das mußten sie sein, die Mohrenköpfe. … Die
Seele aus dem Leib, sagt man ja so. Sehr autobiographisch alles.«
(Livealbum: 104 f.)

Vor dem Hintergrund der schon erwähnten Verbindungen der Neuen Deutschen Popliteratur zur Empfindsamkeit (Vgl. Kapitel 8) wird die analytische Deutung Albrecht Koschorkes hochgradig relevant, der die in der Empfindsamkeit so wichtige »Seele« als ein »kommunikations-technisches Korrelat des Mediums Schrift«[25] bestimmt hat. Auf dieser Grundlage wird auch das pathologische Gesamtarrangement der Neuen Deutschen Popliteratur sichtbar:

War es in der Literatur der Empfindsamkeit das Ziel gewesen, zu einer Seele ohne Körper zu werden, so benötigt das neue Leitmedium Fernse-hen, da es ein oberflächliches Bildmedium ist, seelenlose Körper, die gut aussehen, d.h. schlank sind und funktional angepasst, damit sie gut »rü-berkommen« (Livealbum: 102) – für eine Seele ist da kein Bedarf.

Und hier wird schnell deutlich, dass am medial ausgestellten Körper nur in besonders gut zu beobachtender Weise in Erscheinung tritt, was den Körpern, die entsprechend der Anforderungen eines globalen Kapitalismus diszipliniert und angepasst wurden, auch sonst massenhaft zustößt. Die Angestellten der modernen Informations- und Dienstleistungsgesellschaft brauchen keinen strengen Vorarbeiter mehr, denn sie haben die Zwänge des Arbeitslebens durch den ›sanften‹ Druck aus eigenem Konsumbegehren und dem überzogenen Dispokredit längst in den innersten Kern ihrer Per-sönlichkeit integriert. Daher wirkt auch die Günter Wallraff'sche Schilde-rung des Arbeitsalltags an der Fisch-Gosch Bude, die Stuckrad-Barre (kon-trastiv zu Christian Krachts Erlebnissen als Gast desselben ›Etablissements‹) in *Deutsches Theater* zum Besten gibt, auch so veraltet.

Christian Kracht lässt seinen Helden in *1979* auf die expliziten äuße-ren Zwänge eines kommunistischen Umerziehungslagers eher mit Er-leichterung reagieren; endlich gelingt es ihm »endlich *seriously* abzuneh-men« (1979: 166) – während er seine Unfähigkeit zur Mäßigung aus innerem Antrieb als echtes Scheitern ansieht. Das Straflager des Jahres 1979 wird als das gezeigt, was es ist: eine veraltete Psychotechnik des Zugriffs auf Menschen. Das kapitalistische System hatte auch schon zu dieser Zeit wesentlich ausgefeiltere Mechanismen entwickelt. So konnte der französische Philosoph Baudrillard im Jahr 1978 formulieren:

»Wir aber wissen, was diese unauffindbaren Orte bedeuten, denn wenn die Fabrik nicht mehr existiert, so ist die Arbeit überall – wenn das Gefängnis nicht mehr existiert, so gibt es überall im gesellschaft-lichen Zeit/Raum Zwangverwahrungen und Einschließungen – wenn die Anstalten nicht mehr existieren, so hat sich die psychische und therapeutische Kontrolle generalisiert – wenn die Schule nicht mehr existiert, so sind alle Fasern des gesellschaftlichen Prozesses von Disziplin und pädagogischen Formierungen durchtränkt – wenn [...] der Friedhof nicht mehr existiert, so deshalb, weil die modernen Städte als ganze diese Funktion übernommen haben: sie sind tote Städte und Städte des Todes.«[26]

Die Zwänge betreffen eben nicht nur das Essen, das Aussehen und die Arbeit – auch die Sexualität, die Kommunikation, die Gefühle und das Sterben sind sozial überformt und haben pathologische Züge angenommen: Die literarische Darstellung dieser Deformationen widmet sich dabei besonders den in diese Prozesse involvierten Körperflüssigkeiten – also eben dem Erbrochenem, dem Kot, den Sexualsekreten, den Tränen, dem Blut; aber auch dem Geld und allen nur denkbaren Formen der Kommunikation. Auch hier ist der Abstand zwischen dem Klischee einer sauberen Oberflächenliteratur und den tatsächlich thematisierten Gegenstandsbereichen kaum größer zu denken. Der Popliteratur geht es auf der Ebene ihrer sozialpsychologischen Diagnosen um die Stauungen und Eruptionen, um das künstliche Unterbrechen von Zirkulation und deren erneute Beschleunigung und um die zur Alltäglichkeit gewordene anormale Reaktion der Körper auf diese im Kapitalismus ins Unerträgliche gesteigerte Zirkulationsgeschwindigkeit der Zeichen.

War in Zeiten der beginnenden Industrialisierung mit ihren qualmenden Fabrikschlöten noch Tuberkulose die »Epochenkrankheit«, wird im Zeitalter des entfesselten Wirtschaftswachstums der ›Krebs‹ zur wichtigsten pathologischen Referenz. Das beginnende Informationszeitalter hat mit Alzheimer seine zu ihm ›passende‹ körperliche Spiegelung erfahren. In der Popliteratur wird mit der Bulimie, als wichtigster und prägnantester Form einer krankhaften Dialektik von Stauung und Eruption, die Rückseite eines entfesselten Zwangs zum Konsumieren zur Darstellung gebracht. Innerhalb dieser ökonomischen Ordnung bedeutet für wirtschaftliche Akteure schon ein Zustand der Stabilität den Tod. Das nicht-wachsen-könnende menschliche Subjekt ist in einer solchen Gesellschaft daher massiv bedroht.

Wie ernst es die Neue Deutsche Popliteratur mit dieser Diagnose meint, lässt sich daran demonstrieren, dass sie nicht davor zurückschreckt, ihre Helden aus einer hoffnungslos pathologischen Situation des »rasenden Stillstands« zur Not auch auf letale Weise ausbrechen zu lassen: Chris' Rockstar-Tod ist in diese Reihe ebenso zu zählen wie der verzweifelte Rollo in *Faserland*, dem alle Wünsche erfüllt werden und dem zur Selbstversicherung nur noch der Weg ins Wasser als einzig spürbarer Grenze bleibt. Auch in Bezug auf die Gender-Zuordnung ist dabei interessant, dass Rollo selbst im Tod gerade nicht eine Form des Sterbens wählt, die seinem Körper einen spürbaren Widerstand bieten würde – also eine ›männliche‹ Form des Selbstmordes durch Erhängen oder ein gewollter Unfall mit seinem Porsche. Stattdessen wählt er den Tod im Wasser, also die Figur eines sanften, langsamen, wenn auch übervollen Eindringens, die vergleichbar ist mit dem Pillen-Tod von Chris, der ebenfalls eine ›weibliche‹ Form der Selbsttötung wählt. Hans-Peter Schwander bringt diesen Zusammenhang treffend auf den Punkt:

> »Der Tod bricht keineswegs unvermittelt gewaltsam in die Handlung ein, er ist immer Folge einer Entwicklung und stiftet dadurch Bedeutung und Verknüpfung der Handlung, was der Pop-Literatur eigentlich als suspekt gelten müsste. Er ist jedoch nicht nur die Entwicklung zum Tode, es ist auch die Grundstimmung der Tristesse, die über vielen Texten der neuen Pop-Literatur liegt und die jenseits der Ebene von Action, Spaß und Easy-Going an einer gegenläufigen Textebene mitwirkt.«[27]

Literatur

Degler, Frank: Sekrete Kommunikation. Zum Motiv der Körperflüssigkeiten in der Neuen Deutschen Popliteratur. In: Epochen/Krankheiten. Konstellationen von Literatur und Pathologie, hg. von Frank Degler und Christian Kohlroß, St. Ingbert, 2006, S. 265-287.

Hörisch, Jochen: »Die Himmelfahrt der bösen Lust« in Goethes Wahlverwandtschaften – Versuch über Ottiliens Anorexie. In: Goethes Wahlverwandtschaften – Kritische Modelle und Diskursanalysen zum Mythos Literatur, hg. von Norbert Bolz, Hildesheim, 1981, S. 308-322.

Die tiefen Oberflächen: Irony is over – Bye Bye!

- *Jenseits der rhetorischen Ironiefigur ist Ironie in der Neuen Deutschen Popliteratur auch als ein Kommunikationsakt der selbstbezüglichen Paradoxie zu verstehen, der die Literatur von der Schwere der Realität entlastet und ihr einen spielerischen Umgang mit Zeichen, Sprache und kulturellen Codes ermöglicht.*
- *Wichtig sind auch die narzisstischen und onanistische Motive in den Texten, die lesbar sind als Metaphern der Isolation und des Umgangs mit systematischen Defiziten der Moderne.*
- *Die Neue Deutsche Popliteratur kann als eine Literatur der ›Oberflächenabgründe‹ beschrieben werden, in der verführerische Sprach- und Zeichenspiele in der Horizontalen inszeniert werden. Sie verweigert sich konsequent jeder Tiefendimension, ohne dabei an ästhetischem Niveau zu verlieren.*

Die Schlusspassage von Christian Krachts Roman *1979* lautet:

> »Ich wog nur noch halb so viel wie früher, ich hatte sehr viel abgenommen, bei einem Arztbesuch wurde ich gewogen, 38 Kilo stand auf der weißen Keramikwaage. Ich müsse nun kein Blut mehr geben, ich sei viel zu dünn und schwach, sagte der Arzt, aber ich tat es trotzdem, freiwillig. [...] Alle zwei Wochen gab es eine freiwillige Selbstkritik. Ich ging immer hin. Ich war ein guter Gefangener. Ich habe immer versucht, mich an die Regeln zu halten. Ich habe mich gebessert. Ich habe nie Menschenfleisch gegessen.« (1979: 182 f.)

Hier wird allem Anschein nach Ernst gemacht. Im chronologisch letzten Text der Neuen Deutschen Popliteratur tritt an die Stelle der Ironie und der melancholischen Geste, mit der zuvor ein Willen zum Mangel inszeniert wurde, nun die ganze Ernsthaftigkeit des Versuchs einer medialen Rückkehr zu den letzten Widerständigkeiten der Wirklichkeit. Am vorläufigen Ende der Neuen Deutschen Popliteratur scheint die überdeutliche Einsicht zu stehen, dass sich die Realität, die Literatur und ihre Sekundär-Inszenierungen offenbar doch nicht vollständig auf kontrol-

lierbare und folgenlose Medienpräsenzen reduzieren lassen: die Blut-
ströme und die passionsbelastete Körperlichkeit stellen noch immer das
Maß und den Grenzwert aller Kommunikationsakte dar.

Allerdings offenbart schon ein genauerer Blick auf die eben zitierte
Passage einige Schwierigkeiten, denn Formulierungen wie »ein guter
Gefangener«, »versucht, mich an die Regeln zu halten« oder »nie Men-
schenfleisch gegessen« könnten in ihrem übertriebenen Duktus durchaus auch wieder ironisch verstanden werden. Der Text führt hier durch
eine derartig geballte Zusammenstellung nahezu aller relevanten Reiz-
und Schlüsselthemen vor, dass er auf der Höhe der Theoriediskussion
ist, dass er diese Inszenierung schon wieder unterläuft, indem er sie
übererfüllt. Möglicherweise ist aber die zitierte Stelle auch ganz und gar
ernst und unironisch zu lesen – eine Unsicherheit, die die Neue Deutsche
Popliteratur ihrem Lesepublikum systematisch zumutet.

Popliteraten inszenieren sich oftmals als Dandys. Sie versuchen, die
Vertreter des ›politisch Korrekten‹ in die Defensive zu treiben, indem sie
sich auf keine Meinung endgültig festlegen lassen. Um diese in Diskussionen zunächst recht komfortable Position aber unter den Bedingungen
realer Kommunikation durchhalten zu können, muss eine spezifische
Rhetorik angewandt werden. Hierfür bietet sich besonders die Redefigur
der Ironie an, denn die Ironie erlaubt es sich zu äußern, aber beständig
die Unterscheidung zwischen nur ›erwähnten‹ und tatsächlich ›gebrauchten‹ Sätzen des Sprechers zu verunklaren. Auf die Literatur ge-
münzt bedeutet dies: Die Ironie ermöglicht es der popmodernen Literatur, sich aus der ästhetischen Sackgasse des Schweigens zu befreien – dem
Schweigen der Moderne, die angesichts einer moralischen Weltkomple-
xität das eigene Sprechen kaum mehr verantworten zu können glaubte.
Die Unentschiedenheit, ob geäußerte Sätze tatsächlich so gemeint sind,
wie sie gesagt/geschrieben wurden, liefert dem Dandy einen letzten Not-
ausgang, wenn der moralische Druck ab einem bestimmten Grad der
Provokation dann doch zu groß werden sollte. Damit aber dieser Flucht-
weg zuverlässig frei bleibt, sind die Popliteraten darauf angewiesen, das
ironische Spiel immer mehr zu universalisieren. Dies birgt das sich zum
modernen Schweigen spiegelbildlich verhaltende Risiko der unbefriedi-
genden Situation, möglicherweise gar nichts mehr ernsthaft behaupten
zu können, weil alles immer auch ironisch zu lesen ist, so dass dann die
Texte Gefahr laufen, als Literatur folgenlos und uninteressant zu werden.

Bei jedem Versuch diesem Dilemma zu entkommen, ergeben sich
Schwierigkeiten, die sich mithilfe des Klappentextes der Taschenbuch-

ausgabe von *Mesopotamia* gut verdeutlichen lassen. Die Originalausgabe dieser Textsammlung hatte den Untertitel *Ernste Geschichten am Ende des Jahrtausends* und auf dem Schutzumschlag war als Motto das ironische (?!?) Jarvis Cocker Zitat »Irony is over. Bye bye!« abgedruckt. Nicht nur das Zitat, auch die versammelten Beiträge waren ebenso als ironische, ernsthafte oder vielleicht auch meta-ironische Kommentare interpretierbar, wie der Klappentext der Taschenbuchausgabe auch geradezu süffisant demonstriert:

> »Großer Ernst herrscht an allen Ecken. Irony is over.« Niklas Maak in der *Süddeutschen Zeitung*/»Tatsächlich kommen die Erzählungen in *Mesopotamia* ohne die bei Jungautoren meist obligate Ironiespritze aus.« *Der Standard*/»Wenn die jungen Ernstler das Ende der Ironie ausrufen, also die Ironie ironisieren, bekräftigen sie den hohen Wert, den Ironie für unsere Rede- und Lebensweise hat.« *Deutsches Allgemeines Sonntagsblatt*/»'Irony is over' heißt die mittlerweile auch schon leicht abgedroschene Zeitgeist-Devise.« Susanne Beyer im *Spiegel*/»Irony definitely is not over.« Oliver Georgi in *Literaturkritik.de*/»Subversion is over.« Georg M. Oswald in der *taz*« (Mesopotamia: Klappentext)

Was dieser zirkuläre Parforce-Ritt durch die Rezeption dieser Popanthologie verdeutlicht, ist die unvermeidliche selbstreferenzielle Schließung der Ironie-Diskussion, sobald sich diese auf die Frage einlassen sollte, nach einer intentionalistisch gültigen Interpretation zu suchen. Ironie lässt sich eben auf der schmalen Basis einer vermuteten Autorenabsicht dauerhaft nicht sinnvoll diskutieren, sondern nur auf der Basis von bestimmbaren Ironiefiguren und beschreibbaren Ironiesignalen, die am Text nachgewiesen werden. Damit entsteht aber eine ganz andere argumentative Figur: Wenn Ironie nämlich als ästhetisch-mediales Verfahren einer indirekten Sprechweise analysiert wird, wird sie als eine Sprechweise lesbar, die anderen selbstreferenziellen Sprechakten, wie zum Beispiel dem Zitieren, verwandt ist.

Die popliterarische Fixierung auf den Körper, wie sie etwa am Ende von *1979* scheinbar unironisch zum Ausdruck kam, kann nun in den Kontext eines Prozesses der Ausdifferenzierung literarischer Kommunikation gestellt werden. Besonders Albrecht Koschorke hat in *Körperströme und Schriftverkehr* diese Etablierung eines eigenständigen Systems der Literatur als gleichursprünglich mit einer umfassenden Affektmodellierung der lesenden Subjekte gesetzt. Erst eine im Laufe des 18. Jahrhunderts durchgesetzte Disziplinierung der Körper schaffe die Voraussetzungen für eine Umstellung von Kommunikationsritualen, die auf

Körpernähe und kooperativer Interaktion beruhen, hin auf das abstrakte, die Körper stillstellende Lesen und Schreiben. Schrift ersetzt dabei aber nicht einfach die körpergebundene Kommunikation, sondern stabilisiert die Körper in einer dauerhaften Abwesenheit. Im Modell Koschorkes ist es der zentrale Ansatzpunkt, dass Literatur mit Hilfe eines grundsätzlichen Mangels operiert. Die Schriftzeichen (etwa eines Briefes) sollen den real abwesenden Körpern des Senders und des Empfängers ersetzen. Die Kommunizierenden sollen vergessen, dass die sinnliche Gewissheit der face-to-face-Kommunikation nicht mehr gegeben ist, dass sie kein direktes Gespräch mehr führen, sondern Schriftzeichen austauschen. Die Paradoxie, durch die dieses System literarischer Kommunikation dauerhaft belebt wird, besteht darin, dass gerade dasjenige Medium, das den Mangel erzeugt hat, diesen Mangel auf einer höheren Ebene zu beheben verspricht. Ab diesem Moment kommt die schriftliche Kommunikation an kein Ende mehr, da es immer erst der nächste Text sein wird, der die Erfüllung bringt.

Das feindliche Andere dieser sich verselbständigenden Konstruktion ist dabei nicht der Kritiker dieser Situation, denn auch dieser vermehrt die Welt der Bücher um seine Äußerung. Wer die literarische Welt gefährdet sind die Typologien, die im Gegenteil jeglichen Mangel leugnen bzw. auszublenden in der Lage sind. Diese werden vehement als pathologische Existenzen diffamiert. Koschorke verweist in diesem Kontext auf die Kampagnen in der Publizistik des 18. Jahrhunderts, die zentral gegen zwei Verhaltenstypen polemisieren:

Erstens die kokette Frau, die sich dem Mangel an genussvoller *medialer* Rückkopplung im Medium Schrift entzieht, indem sie sich den (für sie offenbar nicht) erbaulichen Lektüren verweigert und auf die (für sie offenbar erbaulichere) Selbst-Beobachtung ihres eigenen Körpers im Bildmedium des Spiegels ausweicht. Die Autoren der so verschmähten Tugendlehren reagieren auf solche Indifferenz empfindlich getroffen mit der Stigmatisierung dieser Nicht-Leserin als einer selbstzufriedenen Eitlen.

Zweites prominentes Ziel der publizistischen Kampagnen des 18. Jahrhunderts ist der onanierende Mann, der sich der fehlenden genussvollen *körperlichen* Rückkopplung im Medium ›Liebe‹ dadurch entzieht, dass er von dem (für ihn offenbar nicht lustvollen) sozialen Verkehr auf die (für ihn offenbar lustvollere) taktile Selbst-Beobachtung des eigenen Körpers im Medium der Selbststimulation ausweicht.

Beide Typen verhalten sich provozierend indifferent gegenüber den sozialen Normen und insbesondere den moralistischen Körper- und

Kommunikationsordnungen ihrer Zeit. Beide Typologien demonstrieren, wie die symbolisch erzeugte Ordnung im Realen wieder aufhebbar ist, was sie für diese Ordnung gefährlich macht, weshalb sie gewissermaßen ganz konsequent als asoziale Pathologien diffamiert werden:

> »Kommunikationssysteme verhängen Selbstbefriedigungsverbote. Sie unterbinden Kurzschlüsse unterhalb der Systemebene. Luhmann nennt als eine solche Kurzschlußhandlung, bezogen auf den Code der Liebe, die Onanie. [...] Nichts ist gefährlicher für die Moral als ein Narzißmus, der keinen Mangel fühlt. Die Lesepropedeutiken [...] entwerfen [...] ein Gegenbild zur Leserin, in einer Antithetik, die dem Gegensatz zwischen philantropischem Zögling und Onanisten analog ist: das der koketten Frau, die ihre Zeit damit verschwendet, sich im Spiegel anzusehen.«[28]

Im sozialen Kontext des epochal-paradoxen Zustands der heutigen pop- bzw. postmodernen Gesellschaft, deren einzige reale Mangelerfahrung die des Mangels selbst ist, prägt die Popliteratur Figurationen aus, die analog zu den typologischen Leitmotiven des empfindsamen Jahrhunderts stehen. Was im 18. Jahrhundert als negatives Muster moralisch bekämpft wurde, wird um die Jahrtausendwende am Bild der pathologischen Körpererfahrungen ästhetisch konkretisiert: Die soziale Selbstbespiegelung im Warenfetischismus kann dabei als die Entsprechung zum Leitmotiv der koketten Frau gelesen werden. Musste ein narzisstischer Charakter um 1800 noch den Umweg über die Spiegelungsverfahren des sozialen Systems machen, so sucht sich der Kaufsüchtige des Jahres 2000 seine Befriedigung im Shoppen selbst und bedarf der anschließenden Zurschaustellung der erworbenen Güter gar nicht mehr notwendigerweise.

Auch die ›Pathologie‹ des Onanisten spiegelt sehr präzise die allgemeinen Körpersymptome wider, die in der Pop-Literatur dominieren: Ein beschleunigter zirkulärer Leerlauf prägt häufig das Bild der Onanie, aber auch den übergreifenden Motivkomplex des literarisch dargestellten schnellen und übermäßigen Konsums und dann wieder ›Von-sich-Gebens‹ von Drogen, Alkohol oder Nahrung. Auch Blut, Speichel oder das Husten kommen bevorzugt in zirkulären Konstellationen vor, wie das Blutspenden, das ›Auf-Nahrung-Niesen‹ oder das ›Spucke-Trinken‹ – also allesamt mit einem Ekeltabu belegte Formen des Rückflusses von schon veräußerten Substanzen.

Eine besondere Bedeutung hat dabei die dargestellte Fixierung von Frauen und in der Zwischenzeit auch von Männern auf eine als zentral empfundene Gefährdung: zu dick zu werden. Was die Figuren verzweifelt zu vermeiden versuchen, ist die dauerhafte Speicherung von Nährstoffen in Form von Körperfett. Aus diesem Grund wird die Durchlaufgeschwindigkeit der Nahrung mit Hilfe von Fress-Brech-Attacken drastisch erhöht – was in ebenso drastischer Weise und in bis dato ungewohnter Ausführlichkeit zur Darstellung kommt (Vgl. Kapitel 9).

Ab diesem Punkt der Argumentation kann nun auch das Phänomen der Ironie auf einer abstrakteren Ebene diskutiert werden, ohne auf intentionalistische Vermutungen angewiesen zu sein, da sich die Selbstbezüglichkeit in Form und Inhalt als ein zentrales Motiv der Neuen Deutschen Popliteratur erwiesen hat. Diese selbstreferenzielle Abgeschlossenheit der Texte hat sich nämlich auf allen Ebenen der Texte gezeigt. Wir sind mit einer literarischen Strömung konfrontiert, deren Autoren gar nicht erst versuchen, als authentische Personen in den Blick zu kommen, sondern die von Anfang an sich offensiv als Zeichen eines ›Autors‹ inszenieren (Vgl. Kapitel 1). Ebenso wird nicht die ›wirkliche‹ Welt, sondern eine durch Werbung, Marken, Pop-Kultur und -Musik überformte und geprägte Realität verhandelt – an der ›wirklichen‹ Wirklichkeit zeigt die Neue Deutsche Popliteratur ganz demonstratives Desinteresse (Vgl. Kapitel 2 und 3). Daher kann sie auch die Sphäre des Politischen und Historischen als etwas immer schon indirektes und nur in Form von Zeichen Verfügbares verhandeln (Vgl. Kapitel 4, 5, 6) und so zu einem freieren, ironischeren Umgang mit der eigenen Geschichte kommen; und selbst die geschlechtliche und sterbliche Identität des Menschen erproben die Helden im Sinne einer ironischen Lebensform zunächst literarisch und dann erst im Rahmen ihrer jugendlichen Lebenswelten (Vgl. Kapitel 7 und 9). Diese Tendenz zur Autonomisierung der literarischen Sphäre wird besonders an der exzessiven intertextuellen Verortung der Neuen Deutschen Popliteratur deutlich, in denen es auch zu einer Vielzahl von witzigironischen Effekten kommt, sobald die Vorbilder identifiziert wurden.

Aber neben einem solchen rhetorischen Ironieverständnis sind es vor allem die elaborierteren Ironie-Konzepte, wie die existenzielle romantische Ironie »als Lebensform«[29] oder auch die Ironie als ontologische Kategorie, die in der Neuen Deutschen Popliteratur wirksam sind. In diesen Fällen bezeichnet die ironische Verfassung des Subjekts bzw. der Objekte die Nicht-Zugänglichkeit von Absolutheiten und formuliert ein Misstrauen gegenüber den repräsentativen Kräften der Sprache:

> »Ironie ist die Form des Paradoxen.«[30]

Mit dem Verlust ihrer repräsentationalen Kräfte steht den Zeichen nicht mehr die Welt als letzter Referenzwert zur Verfügung, sondern sie geraten immer mehr zu Statthaltern anderer Zeichen. Diese semiotisch-poetische Selbstabschließung setzt allerdings auch das spielerische Potential von Sprache frei. Obwohl auch die Neue Deutsche Popliteratur um diese Verlusterfahrungen einer nun nicht mehr sagbaren Wirklichkeit weiß, verfällt sie nicht in Schweigen, sondern kann sich lustvoll von der realen Realität befreien und dem Spiel der Oberflächen, der Markennamen, der Popmusik, der Partygespräche, des Konsums und den Rauscherfahrungen widmen. Sie kann, mit einem Wort gesagt, ironisch werden, denn es gibt keine verbindliche Realität, die sie Ernst nehmen müsste, sondern immer nur die vorläufigen Konstruktionen von Wirklichkeiten, denen man aktuell begegnet. Damit wird eine sich als autonom begreifende Literatur möglich – also eine Kunstform, die sich nicht von außerästhetischen Kategorien wie Politik oder Moral bestimmen lässt, sondern für Kunst ausschließlich künstlerisch-literarische Differenzen zur Beobachtung zulässt.

So werden auch in der Neuen Deutschen Popliteratur die unterschiedlichsten Formen der Selbstbezüglichkeit von Systemen in intensiver Weise verhandelt und metaphorisch zur Darstellung gebracht. Auch in der Neuen Deutschen Popliteratur wird deutlich, dass die literarischen Wertsetzungsverfahren seit der Romantik und allerspätestens seit der Postmoderne nicht mehr ausschließlich über eine Bezugname auf die reale Realität funktionieren, sondern sich innerhalb der eigenen Systemgrenzen abspielen.

Was in den Texten auf der Ebene der Romanhandlungen auf der individuellen Ebene der Protagonisten als Selbstbezüglichkeit zur Darstellung kommt, zum Beispiel in Form von Onanie und als narzisstische Selbstbespiegelung, ist damit auch als metaphorische Diagnose der Gesamtgesellschaft lesbar. Diese hat einen Zustand erreicht, der von Baudrillard als ein Simulakrum der 3. Ordnung beschrieben worden war. Und auch die Neue Deutsche Popliteratur hat es beständig mit Zeichen zu tun, die sich ausschließlich auf andere Zeichen beziehen. In *Von der Verführung* wurde von Baudrillard für diese ästhetische Struktur der Begriff der »Oberflächenabgründe«[31] eingeführt. Was das Faszinierende der Zeichen ausmacht, ist eben nicht mehr eine vermutete Sinndimension ›hinter‹ ihnen, eine ›Tiefe‹ auf die sie verweisen würden, sondern es sind die ›horizontalen‹ Verknüpfungen und Verschiebungen, das Spiel der Worte miteinander, das für die verführerische Kraft von Texten verantwortlich ist. Der »Oberflächenabgrund« arbeitet also an zentraler Stelle mit den so verfehmten »Kurzschlüssen unterhalb der Systemgrenze«.

Diese Selbstbezüglichkeit kann also sogar mit einer gewissen Berechtigung als narzisstisch oder als onanistisch denunziert werden – insofern man diese Begriffe ohne eine moralisierende Geste zu gebrauchen in der Lage ist. Wenn also eine Artikelüberschrift zur Neuen Deutschen Popliteratur in *literatur konkret* deren Autorinnen und Autoren als »Bedeutis und Wixis« beschimpft, dann treffen die beiden Attribute – wohl ungewollt – auf einer abstrakt-analytischen Ebene in einem gewissen Sinne sogar den Kern einer literarischen Semiotik, die nicht mehr an die Realitätsebene hinter den Zeichen glaubt, sondern Bedeutungen immer neu zirkulieren lässt und sich den unreinen Mischungen, die ein solches Verfahren produziert, mit einer gewissen Furchtlosigkeit stellt.

Wenn sich die Neue Deutsche Popliteratur der politischen Instrumentalisierung verweigert, dann ist dies also nicht nur die Folge einer rhetorischen Ironie, sondern folgt tatsächlich jenem komplexen Ironieverständnis, das dazu führt, sich grundsätzlich jeder fixierbaren Aussage oder jeglicher eindeutigen Haltung zu verweigern, was man als eine Form von poetischer Notlösung angesichts der schieren Übermacht des Banalen interpretieren könnte. Sie deshalb nicht ernst zu nehmen, ist ein Fehler; jedes Wort in ihren Texten ganz buchstäblich zu verstehen, scheint allerdings genauso unangebracht. Die ironische Geste, mit der sich die Autorinnen und Autoren inszenieren und mit der sich ihre Figuren in der postmodernen Realität der urbanen Gegenwart zu behaupten suchen, ist als eine Mischung aus Ernst und Pose zu lesen und vielleicht wird man der Neuen Deutschen Popliteratur dann am ehesten gerecht, wenn man sie als eine Literatur der Notwehr begreift.

Literatur

Hörisch, Jochen: Ende der Vorstellung. Die Poesie der Medien, Frankfurt/Main, 1999.
Koschorke, Albrecht: Körperströme und Schriftverkehr. Mediologie des 18. Jahrhunderts München, 1999.

2001 – Das Ende der Neuen Deutschen Popliteratur?!

Für das Feuilleton war die Neue Deutsche Popliteratur der 1990er Jahre hauptsächlich ein Symptom der sogenannten Spaßgesellschaft. Mit einer gewissen Befriedigung wurde daher nach den Ereignissen des 11. September 2001 diese Strömung zu Grabe getragen. Und in der Tat lassen sich spätestens ab 2002 derart deutliche literarische Veränderungen beobachten, dass die zeitliche Grenze ›9/11‹ sinnvoll zu ziehen ist.

Die Ursache für diese Entwicklung liegt aber nicht alleine darin, dass angesichts der Katastrophe gesellschaftspsychologisch gesehen die Zeiten der Oberflächlichkeiten, des Hedonismus und des Luxus vorbei wären und dem Pop durch den Zusammenbruch der popmodernen Weltordnung sein kulturelles Milieu verloren gegangen wäre. Es sind zu einem großen Teil auch ökonomische Prozesse, die eine bestimmte Form des Literaturbetriebes unmöglich gemacht haben, der eng mit der Neuen Deutschen Popliteratur vernetzt war: Die Wirtschaftkrise nach dem Platzen der ›dot-com-Blase‹ entzieht den Existenzformen am Rande des Dispo-Kredits die ökonomische Grundlage, denn durch den massiven Anzeigenrückgang gerät die deutschsprachige Medienlandschaft in eine schwere Krise. In ihrer Folge schließt die FAZ ihre Berliner Seiten, während die Süddeutsche Zeitung ihre Jugend-Beilage einstellt. Die Symbiose aus Nachtleben und publizistischer Tätigkeit muss nun ›ernsthafteren‹ Dingen weichen – Alexander von Schönburgs Ratgeber zum ›stilvollen Verarmen‹ zeugt von der Ernüchterung zu Beginn des neuen Jahrtausends.

Gleichzeitig bleibt der 11. September 2001 das historische Datum, an dem die heile westliche Welt der Nach-Wende-Zeit plötzlich mit einer bedrohlichen terroristischen und militärischen Konfliktlage konfrontiert wurde. Das soziale Klima in den darauf folgenden Zeiten neuer Auseinandersetzungen zwischen der westlichen Konsumgesellschaft und einem aggressiven islamistischen Fundamentalismus veränderte auch die kulturelle und literarische Situation in Deutschland. Umso interessanter bleibt der Umstand, dass Christian Krachts Roman *1979* ausgerechnet im September 2001 erschienen ist. Die Handlung spielt im Umfeld der beginnenden islamischen Revolution im Iran durch Khomeini und beschreibt damit ganz präzise den Zeitpunkt des Beginns der islamistischen Variante der postkolonialen Abwehrschlachten. Vor dem

Hintergrund der New Yorker Katastrophe wurde *1979* – genauso wie Joachim Bessings *Wir Maschine* – als Zeichen einer neuen Ernsthaftigkeit in der Popliteratur gelesen.

Diagnostisch wiegt dieser neue Akzent in der Literatur umso stärker, als die beiden Romane ja nicht unter dem Eindruck des Attentats entstanden sind, sondern schon früher geschrieben wurden. Deswegen sollte nicht übersehen werden, dass in der Neuen Deutschen Popliteratur auch schon vor 9/11 eine ›seriöse‹ Tonlage deutlicher wurde, die die konservative Literaturkritik zumeist ausgeblendet hat. Die vielbeschriebene Tendenz zur Ernsthaftigkeit lässt sich beispielsweise schon in der Anthologie *Mesopotamia* aus dem Jahr 1999 finden.

Mit dem Anschlag auf das World Trade Center waren die sechs glücklichen Jahre der Popkultur in Deutschland nur allzu schnell wieder beendet. Sie beschrieben eine Zwischenzeit in den epochalen Umbruchslagen des zusammenbrechenden Kommunismus, der Globalisierung des Kapitals und dem sich formierenden Gegenpart des Islamismus. Doch man darf die jener Zeit zugeordnete ›Spaßgesellschaft‹ nicht einfach als Gegenteil zu Ernsthaftigkeit, politischem Bewusstsein oder gesellschaftlichem Verantwortungsgefühl verstehen. Die Neue Deutsche Popliteratur verbindet den extremen Spaß mit genauso radikalem Ernst. Sie begibt sich dabei oftmals in eine riskante Nähe zu Formen erlebnisorientierter Selbstinszenierung, deren unreflektierte Vorverurteilung dem poetischen Verfahren allerdings nicht gerecht wird.

Analysiert man sie genauer, werden zwei Aspekte besonders deutlich: Zum einen zielt die Neue Deutsche Popliteratur auf eine geradezu therapeutische Wirkung ab. Sie versucht existenzielle Unsicherheit durch Coolness und eine Festkultur zu kompensieren und so das gemeinsame Leiden an den Zumutungen der Moderne erträglicher zu machen. Zum anderen wird klar, dass sich auch in der Neuen Deutschen Popliteratur die alte Frontstellung um die Deutungshoheit zwischen Spaß und Ernst, E und U, Jung und Alt wiederholt. Allerdings ist es der Neuen Deutschen Popliteratur, in Deutschland wohl zum ersten Mal gelungen, eine Literatur zu etablieren, die sich von den Ansprüchen moralisch-politischer Sinnstiftung frei machen konnte. Immerhin sechs Jahre lang wurde der Beweis angetreten, dass Unterhaltsamkeit, Affirmation, Privatheit, Provinz und spielerischer Charakter sich gegenüber dem moralischen Rigorismus der deutschen Literaturkritik behaupten kann. Darin besteht die bleibende Bedeutung dieser kurzen Phase der Neuen Deutschen Popliteratur.

Anhang

Zitatnachweise

[1] Philippi, Anne/Schmidt, Rainer: ›Wir tragen Größe 46‹. Benjamin von Stuckrad-Barre und Christian Kracht wollen mit einer neuen Kombination berühmt werden: Für Mode werben und Bücher schreiben. In: Die Zeit 37/1999, S. 3 (›Leben‹).

[2] Venke, Thomas/Volkmann, Linus: Vergnügliches Leben, verborgene Lust. Das Interview-Monster. In: intro 117/2004. URL: http://www.intro.de/magazin/buecher/23014725. [Letzte Abfrage: 9. 1. 2008]

[3] Poschardt, Ulf: DJ-Culture, Frankfurt/Main, 1996, S. 33.

[4] Fiske, John: Populäre Texte, Sprache und Alltagskultur. In: Kultur – Medien – Macht. Cultural Studies und Medienanalyse, hg. von Andreas Hepp und Rainer Winter, Opladen, 1997, S. 81.

[5] Poschardt, Ulf: DJ-Culture, Frankfurt/Main, 1996, S. 16.

[6] Hüetlin, Thomas: Das Grauen im ICE-Bord-Treff. In: Der Spiegel 8/1995, S. 226f.

[7] Baßler, Moritz: Der deutsche Pop-Roman. Die neuen Archivisten, München, 2002, S. 106.

[8] Baßler, Moritz: Der deutsche Pop-Roman. Die neuen Archivisten, München, 2002, S. 88.

[9] Groys, Boris: Über das Neue. Versuch einer Kulturökonomie, Frankfurt/Main, 1999, S. 44.

[10] Kaulen, Heinrich: Aufwachsen in der Mediengesellschaft. Leserfiguren und Lektüreprozesse in aktuellen Adoleszenzromanen. In: Kinder- und Jugendliteraturforschung 2000/2001, hg. von Hans-Heino Ewers u.a., Stuttgart/Weimar, 2001, S. 84-98.

[11] Schäfer, Jörgen: ›Neue Mitteilungen aus der Wirklichkeit‹. Zum Verhältnis von Pop und Literatur in Deutschland seit 1968. In: Text+Kritik. Sonderband Pop-Literatur, hg. von Heinz-Ludwig Arnold, München, 2003, S. 14.

[12] Lange, Günter: Adoleszenzroman. In: Kinder- und Jugendliteratur. Ein Lexikon. Autoren, Illustratoren, Verlage, Begriffe, Teil 5 vom Februar 1997, hg. von A.C. Baumgärtner und H. Pleticha, Meitingen, 1995 ff., S. 9.

[13] Kaulen, Heinrich: Von Törleß zu Trainspotting. Über Jugend- und Adoleszenzromane zwischen Moderne und Postmoderne. In: Wiener Zeitung vom 2. 4. 1999.

[14] Frank, Dirk: ›Talking about my generation‹. Generationskonstrukte in der zeitgenössischen Pop-Literatur. In: Der Deutschunterricht 5/2000, S. 69 f.

[15] Matzig, Gerhard: Rollenspiele der All-Age-Gesellschaft. In: Süddeutsche Zeitung vom 28. 2. 2005.

[16] Pauser, Susanne/Ritschl, Wolfgang (Hrsg.): Wickie, Slime und Paiper. Das Online-Erinnerungsalbum für die Kinder der siebziger Jahre, Reinbek bei Hamburg, 2000, S. 17.

[17] Mertens, Mathias: Robbery, assault, and battery. Christian Kracht, Benjamin v. Stuckrad-Barre und ihre mutmaßlichen Vorbilder Bret Easton Ellis und Nick Hornby In: Text+Kritik. Sonderband Pop-Literatur, hg. von Heinz-Ludwig Arnold, München, 2003, S. 208.

[18] Winkels, Hubert: Grenzgänger. Neue deutsche Pop-Literatur. In: Sinn und Form 4/1999, S. 603.

[19] Mertens, Mathias: Robbery, assault, and battery. Christian Kracht, Benjamin v. Stuckrad-Barre und ihre mutmaßlichen Vorbilder Bret Easton Ellis und Nick Hornby In: Text+Kritik. Sonderband Pop-Literatur, hg. von Heinz-Ludwig Arnold, München, 2003, S. 203.

[20] Rutschky, Katharina: Wertherzeit. Der Poproman – Merkmale eines unerkannten Genres. In: Merkur 2/2003, S. 109.

[21] Schwander, Hans-Peter: >Dein Leben ist eine Reise mit dem Ziel Tod...< Tod in der neuen Pop-Literatur In: Der Deutschunterricht 1/2002, S. 76.

[22] Thiele, André: Porträt – Alexander von Schönburg. In: literatur konkret 26/2001, S. 29.

[23] Seeßlen, Georg: Bedeutis und Wixis. Was kann die Popliteratur, und was meint sie zu können? In: literatur konkret 26/2001, S. 7 f.

[24] Thiele, André: Porträt – Alexander von Schönburg. In: literatur konkret 26/2001, S. 29.

[25] Koschorke, Albrecht: Alphabetisation und Empfindsamkeit. In: Der ganze Mensch. Anthropologie und Literatur im 18. Jahrhundert. DFG-Symposion 1992, hg. von Hans-Jürgen Schings, Stuttgart, 1994, S. 612.

[26] Baudrillard, Jean: Der symbolische Tausch und der Tod. München, 1982, S. 198.

[27] Schwander, Hans-Peter: >Dein Leben ist eine Reise mit dem Ziel Tod...< Tod in der neuen Pop-Literatur In: Der Deutschunterricht 1/2002, S. 77.

[28] Koschorke, Albrecht: Alphabetisation und Empfindsamkeit. In: Der ganze Mensch. Anthropologie und Literatur im 18. Jahrhundert. DFG-Symposion 1992, hg. von Hans-Jürgen Schings, Stuttgart, 1994, S. 625.

[29] Müller, Wolfgang G.: >Ironie<. In: Reallexikon der Deutschen Literaturwissenschaft. Bd. II, hg. von Harald Fricke, Berlin/New York, 2000, S. 187.

[30] Schlegel, Friedrich von: 48. Lyceums-Fragment. In: Friedrich von Schlegel. Studienausgabe. Bd. 1, hg. von Ernst Behler und Hans Eichner, Paderborn u.a., 1988, S. 243.

[31] Baudrillard, Jean: Von der Verführung, München, 1992, 75 ff.

Primärliteratur

Berg, Sibylle: Sex II, Leipzig, 1999. = (Sex II)

Bessing, Joachim (Hg.): Tristesse Royale. Das popkulturelle Quintett mit Joachim Bessing, Christian Kracht, Eckhart Nickel, Alexander von Schönburg und Benjamin von Stuckrad-Barre, Berlin, 1999. = (Tristesse Royale)

Brussig, Thomas: Am kürzeren Ende der Sonnenallee, Frankfurt/Main, 2001. = (Sonnenallee)

Buschheuer, Else: Ruf! Mich! An!, München, 2000.

Buschheuer, Else: www.else-buschheuer.de: Das New York Tagebuch, Köln, 2002.

Casati, Rebecca: Hey Hey Hey, München, 2001. = (Hey)

Coupland, Douglas: Generation X. Geschichten für eine immer schneller werdende Kultur, Berlin, 1994 [1991]. = (Generation X)

Duve, Karen: Regenroman, Berlin, 1999. = (Regenroman)

Duve, Karen: Dies ist kein Liebeslied, Berlin, 2002.

Ellis, Bret Easton: Unter Null, Reinbek bei Hamburg, 1986 [1985].

Ellis, Bret Easton: American Psycho, Köln, 1993 [1991].

Fauser, Jörg: Gedichte. In: Jörg-Fauser-Edition. Band 5, hg. von Carl Weissner, Hamburg, 1990.

Goebel, Johannes/Clermont, Christoph: Tugend der Orientierungslosigkeit, Berlin, 1997.

Goethe, Johann Wolfgang von: Die Leiden des jungen Werther. In: Johann Wolfgang von Goethe. Werke. Hamburger Ausgabe. Band 6. Romane und Novellen 1, hg. von Erich Trunz, München, S. 7-124, 1988 [1774]. = (Werther)

Haußmann, Leander (Hg.): Sonnenallee. Das Buch zum Farbfilm, Berlin, 1999.

Hennig von Lange, Alexa: Relax, Reinbek bei Hamburg, 1997. = (Relax)

Illies, Florian: Generation Golf. Eine Inspektion, Berlin, 2000. = (Generation Golf)

Illies, Florian: Anleitung zum Unschuldigsein, Berlin, 2001. = (Unschuldigsein)

Illies, Florian: Generation Golf zwei, München, 2003. = (Generation Golf II)

Kracht, Christian: Faserland, Köln, 1995. = (Faserland)

Kracht, Christian (Hg.): Mesopotamia. Ein Avant-Pop-Reader, München 1999. = (Mesopotamia)

Kracht, Christian: 1979, Köln, 2001. = (1979)

Lebert, Benjamin: Crazy, Köln, 1999. = (Crazy)

Mand, Andreas: Das Große Grover Buch. Alle Grover Geschichten, Zürich, 1998 [Grovers Erfindung – 1990]. = (Grover)

Meinecke, Thomas: Tomboy, Frankfurt/Main, 2000. = (Tomboy)

Naters, Elke: Königinnen, Köln, 1998.

Naters, Elke: Lügen, Köln, 1999.

Regener, Sven: Herr Lehmann, Frankfurt/Main, 2001. = (Herr Lehmann)

Schnitzler, Arthur (2002): Fräulein Else, hg. von Johannes Pankau, Stuttgart, 2002 [1924]. = (Frl. Else)

Schönburg, Alexander von: Die Kunst des stilvollen Verarmens, Berlin, 2004.

Stuckrad-Barre, Benjamin von: Soloalbum, Köln, 1998. = (Soloalbum)

Stuckrad-Barre, Benjamin von: Livealbum, Köln, 1999. = (Livealbum)

Stuckrad-Barre, Benjamin von: Remix, Köln, 1999. = (Remix)

Stuckrad-Barre, Benjamin von: Blackbox, Köln, 2000. = (Blackbox)

Stuckrad-Barre, Benjamin von: Deutsches Theater, Köln, 2001.

Stuckrad-Barre, Benjamin von: Autodiscographie. Balladen vom äusseren Leben, Marina Records, 2003. = (Autodiscographie)

Forschungsliteratur

Anz, Thomas: Literatur und Lust, München, 1998

Arndt, Astrid / Deupmann, Christoph: ›Fersehgerücht‹. Zur literarischen Beobachtung einer Medien-Affäre in Benjamin von Stuckrad-Barres Erzählsammlung Blackbox. In: wirkendes wort 1/2006, S. 103-125.

Arnold, Heinz-Ludwig (Hg.): Text+Kritik. Sonderband Pop-Literatur, München, 2003.

Assmann, Aleida/Assmann, Jan: Das Gestern im Heute. Medien und soziales Gedächtnis. In: Die Wirklichkeit der Medien, hg. von Klaus Merten u.a., Opladen, 1994, S. 114-140.

Baßler, Moritz: Der deutsche Pop-Roman. Die neuen Archivisten, München, 2002.

Baßler, Moritz: Pop-Literatur. In: Reallexikon der deutschen Literaturwissenschaft. Bd. III, hg. von Jan-Dirk Müller, Stuttgart, 2003, S. 123-124.

Baudrillard, Jean: Der symbolische Tausch und der Tod, München, 1982.

Baudrillard, Jean: Von der Verführung, München, 1992.

Bogdal, Klaus-Michael: Generationskonflikte in der Literatur. In: Der Deutschunterricht 5/2000, S. 3-12.

Butler, Judith: Das Unbehagen der Geschlechter, Frankfurt/Main, 1991.

Caemmerer, Christiane (Hg.): Fräuleinwunder literarisch: Literatur von Frauen zu Beginn des 21. Jahrhunderts, Frankfurt/Main, 2005.

Dallach, Christoph/Stuckrad-Barre, Benjamin von: Spiegel-Gespräch: ›Ruhe fand ich, wenn ich breit war‹. In: Der Spiegel 22/2004, S. 170-175.

Degler, Frank: Sekrete Kommunikation. Zum Motiv der Körperflüssigkeiten in der Neuen Deutschen Popliteratur. In: Epochen/Krankheiten. Konstellationen von Literatur und Pathologie, hg. von Frank Degler und Christian Kohlroß, St. Ingbert, 2006, S. 265-287.

Diederichsen, Diedrich: Ist was Pop? [1997] In: Diederichsen, Diedrich: Der lange Weg nach Mitte. Der Sound und die Stadt, Köln, 1999, S. 272-286.

Ehrler, Hanno: Mixen, Loopen, Schneiden. Musik und Musikerfahrung in der Popliteratur. (Deutschlandfunk. Ausgestrahlt am: 25. 5. 2001.) Manuskript unter URL: http://www.hanno-ehrler.de/themen/s-popliteratur_dlf.pdf. [Letzte Abfrage: 9. 1. 2008]

Ernst, Thomas: Pop-Literatur, Hamburg, 2001.

Ewers, Hans-Heino: Vom ›guten Jugendbuch‹ zur modernen Jugendliteratur. Jugendliterarische Veränderungen seit den 70er Jahren. In: Jugendsprache – Jugendliteratur – Jugendkultur. Interdisziplinäre Beiträge zu sprachkulturellen Ausdrucksformen Jugendlicher, hg. von Eva Neuland, Frankfurt/Main, 2003, S. 251-260.

Faulstich-Wieland, Hannelore: Einführung in Genderstudien, Opladen, 2003.

Fiske, John: Populäre Texte, Sprache und Alltagskultur. In: Kultur – Medien – Macht. Cultural Studies und Medienanalyse, hg. von Andreas Hepp und Rainer Winter, Opladen, 1997, S. 65-84.

Frank, Dirk: ›Talking about my generation‹: Generationskonstrukte in der zeitgenössischen Pop-Literatur. In: Der Deutschunterricht 5/2000, S. 69-85.

Frank, Dirk (Hg.): Popliteratur. Arbeitstexte für den Unterricht, Stuttgart, 2003.

Gansel, Carsten: ›Doch die Oberfläche der Dinge ist unerschöpflich‹: Zum Verhältnis von Jugendliteratur und Jugendkultur in den 90ern. In: Der Deutschunterricht 4/1999, S. 107-111.

Gansel, Carsten: Authentizität – Wirklichkeitserkundung – Wahrheitsfindung. Zu aktuellen Entwicklungslinien in der Literatur für Kinder und junge Erwachsene. In: Ein-Satz. Jugend in Literatur für Jugendliche. Publikation zur Ausstellung in der »Galerie im Stifter-Haus« (22. April bis 5. Juni 1998), hg. von Regina Pintar, Linz, 1998, S. 80-98.

Grabienski, Olaf: Christian Krachts Faserland. Eine Besichtigung des Romans und seiner Rezeption, Hausarbeit am Institut für Germanistik II der Universität Hamburg, Wintersemester 2000/2001. Volltext unter URL: http://www.olafski.de/archiv/arbeiten/kracht.pdf. [Letzte Abfrage: 15.2.2008]

Groys, Boris: Über das Neue. Versuch einer Kulturökonomie, Frankfurt/Main, 1999.

Hörisch, Jochen: »Die Himmelfahrt der bösen Lust« in Goethes Wahlverwandtschaften – Versuch über Ottiliens Anorexie. In: Goethes Wahlverwandtschaften – Kritische Modelle und Diskursanalysen zum Mythos Literatur, hg. von Norbert Bolz, Hildesheim, 1981, S. 308-322.

Hörisch, Jochen: Ende der Vorstellung. Die Poesie der Medien, Frankfurt/Main, 1999.

Hüetlin, Thomas: Das Grauen im ICE-Bord-Treff. In: Der Spiegel 8/1995, S. 226 f.

Jacob, Günther: Gelingen der Nation: Wie Pop und Popliteratur zu einem wesentlichen Teil der neuen deutschen Nationalkultur geworden sind. In: konkret 26/2001, S. 10-13.

Jung, Thomas: Vom Pop international zur Tristesse Royale. Die Popliteratur, der Kommerz und die postmoderne Beliebigkeit. In: Alles nur Pop? Anmerkungen zur populären und Pop-Literatur seit 1990, hg. von Thomas Jung, Frankfurt/Main, 2002, S. 29-53.

Kaulen, Heinrich: Fun, Coolness und Spaßkultur? Adoleszenzromane der 90er Jahre zwischen Tradition und Postmoderne. In: Deutschunterricht 5/1999, S. 325-336.

Kaulen, Heinrich: Von Törleß zu Trainspotting. Über Jugend- und Adoleszenzromane zwischen Moderne und Postmoderne. In: Wiener Zeitung vom 2.4.1999.

Kaulen, Heinrich: Aufwachsen in der Mediengesellschaft. Leserfiguren und Lektüreprozesse in aktuellen Adoleszenzromanen. In: Kinder- und Jugendliteraturforschung 2000/2001, hg. von Hans-Heino Ewers u.a., Stuttgart/Weimar, 2001, S. 84-98.

Koelbl, Herlinde: Rausch und Ruhm. Der Pop-Literat Benjamin von Stuckrad-Barre. (WDR. Ausgestrahlt am 2. 6. 2004.)

Köhler, Andrea/Moritz, Rainer (Hg.): Maulhelden und Königskinder. Zur Debatte über die deutschsprachige Gegenwartsliteratur, Leipzig, 1998.

Koschorke, Albrecht: Alphabetisation und Empfindsamkeit. In: Der ganze Mensch. Anthropologie und Literatur im 18. Jahrhundert. DFG-Symposion 1992, hg. von Hans-Jürgen Schings, Stuttgart, 1994, S. 605-628.

Koschorke, Albrecht: Körperströme und Schriftverkehr. Mediologie des 18. Jahrhunderts, München, 1999.

Lange, Günter: Adoleszenzroman. In: Kinder- und Jugendliteratur. Ein Lexikon. Autoren, Illustratoren, Verlage, Begriffe, Teil 5 vom Februar 1997, hg. von A. C. Baumgärtner und H. Pleticha, Meitingen, 1995 ff., S. 9.

Matzig, Gerhard: Rollenspiele der All-Age-Gesellschaft. In: Süddeutsche Zeitung vom 28. 2. 2005.

Mertens, Mathias: Robbery, assault, and battery. Christian Kracht, Benjamin v. Stuckrad-Barre und ihre mutmaßlichen Vorbilder Bret Easton Ellis und Nick Hornby. In: Text+Kritik. Sonderband Pop-Literatur, hg. von Heinz-Ludwig Arnold, München, 2003, S. 201-217.

Mielke, Christine: Zyklisch-serielle Narration. Erzähltes Erzählen von 1001 Nacht bis zur TV-Serie, Berlin, 2006.

Müller, Wolfgang G.: ›Ironie‹. In: Reallexikon der deutschen Literaturwissenschaft. Bd. II, hg. von Harald Fricke, Berlin/New York, 2000

Paulokat, Ute: Benjamin von Stuckrad-Barre. Literatur und Medien in der Pop-moderne, Frankfurt/Main, 2006.

Pauser, Susanne/Ritschl, Wolfgang (Hg.): Wickie, Slime und Paiper. Das Online-Erinnerungsalbum für die Kinder der siebziger Jahre, Reinbek bei Hamburg, 2000.

Philippi, Anne/Schmidt, Rainer: ›Wir tragen Größe 46‹. Benjamin von Stuckrad-Barre und Christian Kracht wollen mit einer neuen Kombination berühmt werden: Für Mode werben und Bücher schreiben. In: Die Zeit 37/1999, S. 3 (›Leben‹).

Pop & Politik. Spiegel spezial 2/1994.

Poschardt, Ulf: DJ-Culture, Frankfurt/Main, 1996.

Rohloff, Joachim: Jüngstes Deutschland. Sentimentale Bedürfnisse nach einer heilen Deutschen Nation. Zum Geschichtsbild der sogenannten Generation Golf. In: konkret 26/2001, S. 4 f.

Rutschky, Katharina: Wertherzeit. Der Poproman – Merkmale eines unerkannten Genres. In: Merkur 2/2003, S. 106-117.

Schäfer, Jörgen: ›Neue Mitteilungen aus der Wirklichkeit‹. Zum Verhältnis von Pop und Literatur in Deutschland seit 1968. In: Text+Kritik. Sonderband Pop-Literatur, hg. von Heinz-Ludwig Arnold, München, 2003, S. 14.

Schlegel, Friedrich von: Kritische Fragmente. In: Friedrich von Schlegel. Studien-ausgabe. Bd. 1, hg. von Ernst Behler und Hans Eichner, Paderborn u.a., 1988, S. 239-250.

Schwander, Hans-Peter: ›Dein Leben ist eine Reise mit dem Ziel Tod...‹ Tod in der neuen Pop-Literatur. In: Der Deutschunterricht 1/2002, S. 72-84.

Seeßlen, Georg: Bedeutis und Wixis. Was kann die Popliteratur, und was meint sie zu können? In: literatur konkret 26/2001, S. 6-8.

Sloterdijk, Peter: Schäume. Sphären, Band III, Frankfurt/Main, 2004.

Thiele, André: Porträt – Alexander von Schönburg. In: literatur konkret 26/2001, S. 29.

Tillmann, Markus/Forth, Jan: Der Pop-Literat als ›Pappstar‹. Selbstbeschrei-bungen und Selbstinszenierungen bei Benjamin von Stuckrad-Barre. In: Selbstpoetik 1800-2000. Ich-Identität als literarisches Zeichenrecycling, hg. von Ralph Köhnen, Frankfurt/Main, 2001, S. 271-283.

Venke, Thomas/Volkmann, Linus: Vergnügliches Leben, verborgene Lust. Das Interview-Monster. In: intro 117/2004. URL: http://www.intro.de/magazin/buecher/23014725. [Letzte Abfrage: 9. 1. 2008]

Walser, Martin: Über die Neueste Stimmung im Westen. In: Kursbuch 20/1970, S. 19-41.

Watzlawick, Paul: Anleitung zum Unglücklichsein, München, 1986.

Wegmann, Nikolaus: Diskurse der Empfindsamkeit. Zur Geschichte eines Gefühls in der Literatur des 18. Jahrhunderts, Stuttgart, 1988.

Winkels, Hubert: Grenzgänger. Neue deutsche Pop-Literatur. In: Sinn und Form 4/1999, S. 581-610.

Register

Mit meinem Profil bin ich im Vorteil!

Geschichte

- Lothar Kolmer
  Geschichtstheorien
  978-3-8252-**3002**-9

- Helmut Feld
  Franziskaner
  ISBN 978-3-8252-**3011**-1

- Hannes Leidinger, Verena Moritz
  Sozialismus
  ISBN 978-3-8252-**3013**-5

- Hannes Leidinger
  Kapitalismus
  ISBN 978-3-8252-**3019**-7

- Caroline Schnyder
  Reformation
  978-3-8252-**3022**-7
  ET ca. 09/2008

- Tobias Dietrich
  Martin Luther King
  978-3-8252-**3023**-4
  ET ca. 09/2008

- Christoph Maria Merki
  Verkehrsgeschichte und Mobilität
  978-3-8252-**3025**-8
  ET ca. 09/2008

Kommunikation und Medien

- Frank Hartmann
  Medien und Kommunikation
  ISBN 978-3-8252-**3014**-2

- Frank Hartmann
  Multimedia
  978-3-8252-**3033**-3
  ET ca. 09/2008

Kultur

- Ilka Quindeau
  Psychoanalyse
  ISBN 978-3-8252-3031-9
  ET ca. 2. Halbjahr 2008

Medizin und Pflege

- Woellert/Schmiedebach
  Sterbehilfe
  ISBN 978-3-8252-**3006**-7

Natur und Technik

- Klaus Mainzer
  Komplexität
  ISBN 978-3-8252-**3012**-8

- Michael Ruoff
  Hermann von Helmholtz
  978-3-8252-**3034**-0
  ET ca. 09/2008

Pädagogik

- Annemarie Fritz, Gabi Ricken
  Rechenschwäche
  ISBN 978-3-8252-**3017**-3

- Hermann Veith
  Sozialisation
  ISBN 978-3-8252-**3004**-3

- Daniel Tröhler, Zürich
  Johann Heinrich Pestalozzi
  ISBN 978-3-8252-**3009**-8

- Albert Ziegler
  Hochbegabung
  ISBN 978-3-8252-**3018**-0
  ET ca. 09/2008

Mit meinem Profil bin ich im Vorteil!

Philosophie

- Reiner Ruffing
Michel Foucault
ISBN 978-3-8252-**3000**-5

- Hans-Martin Schönherr-Mann
Friedrich Nietzsche
ISBN 978-3-8252-**3001**-2

- Georg Römpp
Platon
ISBN 978-3-8252-**3007**-4

- Willem van Reijen
Martin Heidegger
978-3-8252-3035-7
ET ca. 2. Halbjahr 2008

- Niels Brügger, Orla Vigsø
Strukturalismus
ISBN 978-3-8252-**3162**-0
ET ca. 09/2008

Politik

- Michael Berger
Karl Marx
ISBN 978-3-8252-**3010**-4

- Rosenberger/Seeber
Wählen
ISBN 978-3-8252-**3015**-9

- Birgit Sauer
Governance
ISBN 978-3-8252-**3016**-6

- Birgit Sauer
Gewalt
978-3-8252-**3032**-6
ET ca. 09/2008

Psychologie

- Esther Biedert
Essstörungen
ISBN 978-3-8252-**3003**-6

- Michael Schredl
Traum
ISBN 978-3-8252-**3005**-0

- Irene Berkel
Sigmund Freud
ISBN 978-3-8252-3008-1

- Franzis Preckel, Matthias Brüll
Intelligenztests
978-3-8252-**3027**-2

- Richard Kohler
Jean Piaget
978-3-8252-**3036**-4
ET ca. 2. Halbjahr 2008

Sprache und Literatur

- Dirk Oschmann
Friedrich Schiller
978-3-8252-**3029**-6
ET ca. 11/2008

- Ulrich Kittstein
Bertolt Brecht
978-3-8252-**3030**-2
ET ca. 09/2008

Theologie

- Athina Lexutt
Luther
ISBN 978-3-8252-**3021**-0

mehr Informationen dazu unter **www.utb.de**